Das Schöne am Klimawandel

Warum der Klimawandel die Bezeichnung „Katastrophe" nicht verdient

TOMAS HRYCEJ

Inhaltsverzeichnis

1 Einführung

Auf dem umfangreichen Gebiet der Umweltproblematik hat in den letzten Jahren ein Posten eine besondere Aufmerksamkeit erhalten: die Klimaerwärmung, oft breiter als Klimawandel bezeichnet.

Die Umweltprobleme beschäftigen uns mit Recht. Wir atmen eine Luft die in Großstädten oft nicht einmal durchsichtig ist. Ihr Geruch ist nicht nur unangenehm, sondern auch voll von aggressiven Stoffen, die unserer Gesundheit, gelinde gesagt, nicht förderlich sind. Häufige Folgen sind Erkrankungen der Atemwege, in extremen Fällen vermutlich sogar der Lungenkrebs.

Unser Trinkwasser ist trotz aufwändiger Aufbereitung oft belastet. Mit unserer Nahrung nehmen wir Stoffe auf, die wir nicht vorhaben zu essen. Mal sind das Stickstoffe im Gemüse oder Pestizide im Obst, mal Antibiotika im Fleisch oder Schwermetalle im Fisch. Da wir im Namen des nahrungstechnischen Fortschritts diverse köstliche Konservierungsstoffe mitverspeisen, hat unser Körper mit der Abwehr einiges zu tun. Wie es aussieht, ist für uns die Zufuhr von Blei, Glutamat und Plastikresten auch weiterhin gesichert.

Auch der permanente Lärm ist nicht geeignet, unsere Stimmung zu heben. Bekannte Nachwirkungen gehen von Konzentrationsmängeln bis zum hohen Blutdruck. Das Dröhnen der nächsten Autobahn oder Bundesstraße ist so allgegenwärtig, dass man in einer Waldhütte ohne ihn fast nicht mehr einschlafen kann.

Insgesamt ist diesen Veränderungen unserer Umwelt kaum etwas Positives abzugewinnen – die Worte „Lärm", „Gestank" und „Gift" bezeichnen Dinge, die wenige Freunde finden.

In diese Gesellschaft will die Klimaerwärmung nicht so richtig passen. Die Veränderungen der Temperatur, die uns nach Expertenmeinungen in den nächsten fünfzig oder hundert Jahren drohen, sind nach allen menschlichen Maßstäben gering. Wie in weiteren Kapiteln belegt, sind sie vergleichbar mit einem Umzug aus Ulm nach Stuttgart und geringer als bei einem Umzug nach Mannheim. Der Umzug findet jedoch innerhalb von einigen Tagen anstelle der genannten Jahrzehnte statt. Trotzdem sieht darin niemand eine persönliche klimatische Bedrohung. Im Gegenteil, mit einer leichten Erwärmung wird in aller Regel Angenehmes verbunden. Interessant, dass trotzdem nach einigen Umfragen bis zu 80 % der Bundesbürger im Klimawandel die größte Bedrohung überhaupt sehen, noch vor dem Terrorismus und der allgemeinen Kriminalität.

Noch etwas unterscheidet den Klimawandel von anderen Umweltbedrohungen. Die Luftverschmutzung ist auf einen relativ engen Raum begrenzt. Beim Smogalarm in Stuttgart ist an der Luftqualität in 50 km Entfernung auf der Schwäbischen Alb nichts auszusetzen. Obwohl das Abstellen der Heiz- und Verkehrsemissionen alles andere als einfach ist, ist es auf den Stuttgarter Verkehr und die Stuttgarter Heizkessel beschränkt. Das Verkehrschaos in München hat darauf keinen spürbaren Einfluss, und schon gar nicht dasjenige in Shanghai, Mexico City oder Los Angeles. So sind die zielführenden Maßnahmen durchaus in den Händen der jeweiligen Stadt. Etwas weiter tragen die Emissionen der Heizkraftwerke, aber auch hier bleibt der Wirkungskreis auf eine überschaubare Dimension von einzelnen Staaten oder deren Nachbarstaaten begrenzt.

Ähnlich ist das bei den verseuchten Lebensmitteln. Es ist zwar eine Tatsache, dass wir mit Vorliebe Kartoffeln aus Ägypten, Äpfel aus Brasilien und Lammfleisch aus Neuseeland verspeisen. Das sind Regionen, in denen wir keine Entscheidungen bezüglich Lebensmittelbehandlung wirksam durchsetzen können. Wir sind darauf jedoch keineswegs angewiesen, sondern können jederzeit auf regionale Quellen zurückgreifen.

So gehört dem Klimawandel auch hier eine Sonderstellung. Für seine Bekämpfung treffen sich mit großer Regelmäßigkeit an die zweihundert Staatsoberhäupter oder Minister aus der ganzen Welt, mit entsprechenden Kosten und Aufmerksamkeit der Medien, jedoch ohne besondere Ergebnisse, wie man bei Treffen dieser Größenordnung und Heterogenität der Teilnehmer auch nicht anders erwarten kann.

Kurz zusammenfasst, versteht man heute unter den Umweltproblemen zwei Gruppen. Zum einen sind es solche, die jeder als Problem sofort aus eigener Erfahrung erkennen kann und deren Lösung im nationalen oder europäischen Alleingang lösbar wäre. Um sie als Bedrohung zu sehen braucht man keine Tageszeitung und keinen Nachrichtensender.

Die andere Gruppe bildet der Klimawandel, auf dessen Bedrohungspotenzial kaum jemand aus seiner persönlichen Alltagserfahrung heraus käme - wenn er nicht durch die Medien „auf den richtigen Gedanken" gebracht worden wäre. Der mediale Einfluss ist so groß, dass sogar Schulkinder aus Panik vor Zerstörung ihres Planeten auf die Straße gehen.

Ein kritischer Bürger sollte eine solche Beeinflussung nicht so einfach auf sich sitzen lassen. Deshalb erscheint es angebracht, das Wesen des Klimawandels etwas aus der Nähe zu betrachten. Hier soll uns auch der gesunde Menschenverstand sowie die Grundsätze des rationellen Handels zur Hilfe stehen.

Stellen wir uns vor, wir sehen uns unsere Gehaltsabrechnung des neuen Monats an. Jetzt fällt uns im Vergleich zum letzten Monat auf, dass die Zahlen irgendwie anders sind. Das erste, was wir tun, ist den Auszahlungsbetrag zu vergleichen. Ist er höher geworden, freuen wir uns und es kommt wohl niemandem in den Sinn, eine Beschwerde einzureichen. Nur bei einem niedrigeren Betrag überlegen wir, was wir tun sollen. Liegt es an höheren Steuern oder Abgaben, fluchen wir ein paar Mal und denken darüber nach, bei den nächsten Wahlen das Kreuz bei einer anderen Partei zu machen. Liegt es am Bruttoverdienst, planen wir ein ungemütliches Treffen mit dem Chef ein.

Dieses Verhalten steht für vernünftiges Reagieren auf eine erkannte Situation schlechthin. Die einzelnen Schritte kann man im folgenden Schema darstellen:

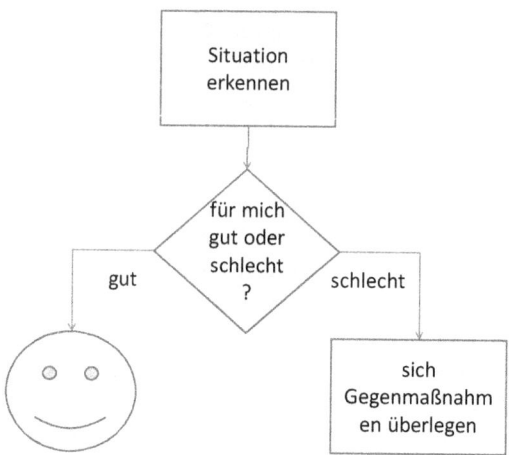

Dieses Verhaltensmuster ist typisch nicht nur für intelligente Menschen, sondern auch für viele intelligente Tiere. Eine Katze, die sich in einer als unangenehm eingestuften Situation befindet (z.B. Unterbringung in einem Transportkorb für eine längere Reise) macht schon mit ihrem Gesichtsausdruck klar, dass sie sich Gegenmaßnahmen vorbehält.

4

Stuft sie die Situation hingegen als harmlos oder sogar angenehm ein (z.B. das Ausrollen einer kuscheligen Decke), verschwendet sie an die wie auch immer gearteten Gegenmaßnahmen keinen Gedanken.

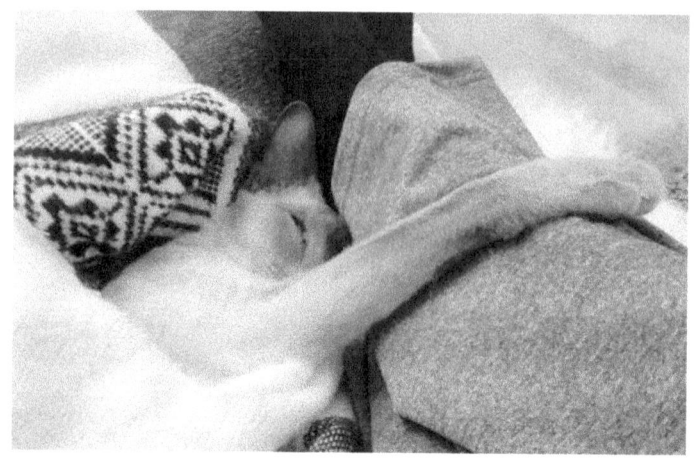

Im Informationsfluss über den Klimawandel wird vor allem der Erkennung der Situation eine große Aufmerksamkeit gewidmet. Es wird vielfach und meistens mit einer hohen wissenschaftlichen Kompetenz belegt, dass sich am Klima etwas ändert. Von der UNO wird eine Expertengruppe Namens *Intergovernmental Panel on Climate Change* (mit dem Kürzel *IPCC*, genannt auch Weltklimarat) beauftragt, die Veränderungen ständig zu beobachten. Sie verfasst regelmäßige Berichte, die unter https://www.de-ipcc.de zu finden und meistens auch heruntergeladen werden können. In der Europäischen Union untersucht den Status und die Folgen des Klimawandels im Auftrag der Europäischen Kommission das *Joint Research Centre JRC, Institute for Prospective Technological Studies*. Es hat in 2014 einen Bericht verfasst (Climate Impacts in Europe - The JRC PESETA II Project).

Die Feststellungen der Berichte sind umfangreich und deren Glaubwürdigkeit wird durch die Einschätzung der Zuverlässigkeit des Befunds untermauert. So wird die tendenzielle globale Temperaturerhöhung durch viele Messungen präzisiert. Auch der sich daraus ergebende Anstieg des

Meeresspiegels (sei es durch die Ausdehnung des wärmer gewordenen Meerwassers oder durch das Abschmelzen der Eismassen) ist gut messbar. Um einiges weniger sicher ist die oft in den Medien beschworene Erhöhung der Variabilität der Wetterzustände, die sich in stärkeren Winden, Trocken- bzw. Schönwetterperioden oder intensiven Regenfällen äußern soll.

Im auffälligen Kontrast mit der solide aufgearbeiteten Situationserkennung liegt jedoch die Bewertung der stattgefundenen und noch vor uns liegenden Veränderungen. Der IPCC-Bericht enthält nicht nur Prognosen gewisser klimatologischer Sachverhalte wie Temperatur oder Niederschlag, sondern auch eine Folgenabschätzung. Mit dem Bewertungskomplex ist bei IPCC die Arbeitsgruppe 2 betraut. Sie hat der Folgenabschätzung den Teilbericht „Folgen, Anpassung und Verwundbarkeit" gewidmet. Er behandelt den Komplex „Bewertung und Management der Risiken des Klimawandels" mit Themen wie „Zukünftige Risiken und Möglichkeiten zur Anpassung".

Bereits die Themenwahl im IPCC-Bericht lässt eine ergebnisoffene Bewertung vermissen. Obwohl das Wort „Folgen" an sich sowohl positive als auch negative Konsequenzen umfasst, ist in den Berichten fast ausschließlich von Risiken die Rede. Das könnte so verstanden werden, dass keine positiven Folgen des Klimawandels zu erwarten sind. Und nicht nur könnte, sondern wird auch in aller Regel in den Medien und in der Politik so verstanden. Ob die Ausklammerung von positiven Einflüsse von den wissenschaftlichen Gremien, die an diesem Bericht beteiligt waren, auch so beabsichtigt ist, ist ohne die Kenntnis der internen Entscheidungsvorgänge und Richtlinien schwer zu sagen. In der Öffentlichkeit ist jedoch eindeutig der Eindruck entstanden, der Klimawandel stellt für uns eine Bedrohung dar.

Es ist an sich selbstverständlich vernünftig, sich mit den Risiken und möglichen Reaktionen darauf zu befassen. In einer Zeit, in der es Brauch geworden ist, in einer noch so verfahrenen Situation, von „Chancen und Risiken" zu sprechen, mutet es seltsam an, in einem Bericht auf das Kapitel „Chancen" vollständig zu verzichten.

Die Hauptaktivität, die ein großer Teil der Weltgemeinschaft auf Grund dieser Berichtslage beschlossen hat, ist der Versuch, den Klimawandel als solchen zu verhindern, statt sich allein mit einigen seiner negativen Folgen auseinanderzusetzen und sich über die positiven zu freuen. Es ist, als würde man die erwähnte Gehaltserhöhung zurückweisen, da sie die unangenehme Pflicht nach sich zieht, dass überschüssige Geld verzinst anzulegen. Dieser Vergleich setzt natürlich voraus, dass am Klimawandel tatsächlich etwas Positives zu finden ist.

Die Klimawandel der Vergangenheit haben tatsächlich zu einschneidenden Folgen geführt. Das Aussterben der Dinosaurier wird oft mit einem Meteoriteneinschlag erklärt. Der hat zu einer großen Staubwolke, der Verdunklung des Himmels und einem darauffolgenden schnellen Temperatureinbruch geführt. Lt. Wikipedia (https://de.wikipedia.org/wiki/Neandertaler#Aussterben) hat nach der Meinung einiger Forscher eine Kältephase zum Aussterben von Homo neanderthalensis beigetragen: „Laut einer weiteren Analyse von Michael Staubwasser und Kollegen aus dem Jahr 2018 gab es vor 44.000 bis 40.000 Jahren zahlreiche Wechsel von ausgeprägten Kaltphasen und minder kalten Interstadialen. Dies habe wiederholt zu regionaler Neandertaler-Entvölkerung und nachfolgend möglicherweise zu einer Besiedelung der entvölkerten Regionen durch Homo sapiens geführt." Ob wir uns ohne diese Klimaentwicklung an der Gesellschaft der Neandertaler heute erfreuen könnten, ist natürlich nicht sicher – auch nicht ob man das als Bereicherung auffassen sollte, denn neandertaler-ähnliche

8

Verhaltensweisen erleben wir auch ohne deren Namensträger. Wichtig ist aber, dass bei diesen beiden Ereignissen eine Klimaveränderung einer der wichtigen Faktoren sein könnte. In beiden Fällen handelt es sich allerdings um eine Kältewelle.

Der heutige Klimawandel ist auch unter der Bezeichnung „Klimaerwärmung" bekannt und „Wärme" ist ein Wort mit einem unumstritten positiven Grundgehalt. Daher ist die Möglichkeit, dass wir zur Abwechslung eine positive Veränderung vor uns haben, ernsthaft in Betracht zu ziehen. Wir werden uns in den nächsten Kapiteln den offensichtlichen Aspekten der Wärme aus der Sicht der Menschen befassen.

Als erstes betrachten wir jedoch den Umfang der bisher beobachteten Veränderungen, die wir je nach persönlicher Beobachtungsgabe auch an eigener Haut spüren könnten. Es handelt sich um keinen Versuch, die globalen meteorologischen Daten anders auszuwerten, als es viele bereits gemacht haben, sondern nur um einige leicht nachvollziehbare Beispiele anhand von Daten, die jedem Interessierten zugänglich sind.

Damit kein Eindruck vom leeren Philosophieren entsteht, werden die Daten mit Quellenangabe graphisch dargestellt. Die Quellen sind durchweg allgemein zugänglich, meistens als Web-Links. Wen der Anblick von Excel-Graphiken auf Grund seiner Anwesenheit bei zu vielen langweiligen Besprechungen traumatisiert, muss sie nicht beachten – im Text sind deren Aussagen jeweils verbal formuliert.

Das Ziel von diesem Buch ist nicht, die von verschiedenen Forschergruppen gesammelten Fakten und Theorien zur Klimatologie zu erweitern oder grundsätzlich anzuzweifeln. Sie basieren zum großen Teil aus realen Messwerten und haben bestimmt trotz gewisser Meinungsvielfalt einen gemeinsamen Nenner. Es soll vielmehr auf die zum Teil absurde Interpretation dieser Fakten und den daraus abgeleiteten Handlungszwang eingehen.

Darüber hinaus ist das Ziel auch, den Klimawandel im Verhältnis zu anderen Problemen der Welt, die unter Umständen deutlich ernster sind, zu sehen.

2   Das gefühlt chaotische Wetter

Unterhält man sich heute mit den Mitbürgern über das tatsächlich erlebte Wetter, gewinnt man bald den Eindruck, wir seien wirklich mitten drin in einem dramatischen Wandel. Viele haben das Gefühl, das Wetter sei unberechenbarer und voll von Extremen geworden. Ist dieses Gefühl begründet? Um das zu entscheiden, sehen wir uns in diesem Kapitel einige Messwerte an. Dabei beschränken wir uns auf die für jedermann zugänglichen Quellen. Der Deutsche Wetterdienst ermöglicht den Zugang zu den Messwerten der einzelnen in Deutschland verteilten Wetterstationen. Die Zeitreihen für einige wichtige Größen können von der Webadresse des DWD (https://www.dwd.de/DE/leistungen/klimadatendeutschland/klimadatendeutschland.html) herunterladen werden. Die Datenabdeckung ist heute fast einheitlich, reicht jedoch in den einzelnen Messwert-Arten verschieden weit zurück in die Vergangenheit. Will man einen Vergleich bis in die fünfziger Jahre tätigen, bleiben immer noch einige Messstationen mit langer Tradition übrig. In Süddeutschland ist das beispielsweise die oberbayerische Station Hohenpeißenberg. Im Norden findet man gute Daten in der Station Hannover.

Zwei ausgewählte Stationen zu betrachten ist natürlich kein Versuch, eine vollständige Charakterisierung der Klimaveränderung durchzuführen. Da es sich jedoch durchaus um typische Stationen handelt, kann man den Eindruck über Größenordnung der Veränderungen gewinnen. Einen interessierten Leser kann natürlich nichts davon abhalten, weitere Daten herunterzuladen und seine Schlüsse zu ziehen.

Was wären nun die Wetterphänomene, die den Aufschluss auf eine zunehmende Unberechenbarkeit und dadurch vielleicht eine Bedrohung erlauben? Werden wir zunehmend von starken Winden, extremen Niederschlägen oder, im Gegenteil, von der Abwesenheit jeglicher Niederschläge geplagt? Wir versuchen in den folgenden Absätzen, die Antworten zu finden. Dabei ist es unvermeidlich, eine gewisse Menge von vielleicht für den einen oder anderen Leser langweilige Graphiken anzuführen. Ohne sie würden wir uns dem möglichen Vorwurf aussetzen, sich die Aussagen aus dem Finger zu saugen. Eine Zusammenfassung der Befunde ist im abschließenden Absatz 2.6 dieses Kapitels im Angebot.

2.1 Wie der Wind bläst

Sehen wir uns zuerst den Wind an. An einer typischen deutschen Wetterstation werden jeden Tag zwei diesbezügliche Werte gemessen: die mittlere Windgeschwindigkeit des Tages und das Tages-Maximum, d.h. die größte Windböe des Tages. Die mittlere Windgeschwindigkeit beschreibt, wie windig es am jeweiligen Tag war. Wer sich besonders für Extreme interessiert, kann sein Augenmerk auf die Tages-Maxima richten.

Diese beiden Werte werden wir über sieben Jahrzehnte seit dem Jahr 1950 bis 2017 vergleichen. Die mittleren bzw. maximalen Werte einzelner Jahre sehen etwas ungeordnet aus, um dort Trends zu erkennen oder auszuschließen. Daher zeigen wir die Mittelwerte bzw. Maxima über jeweils ein Jahrzehnt. Das Maximum ist dann der größte gemessene Wert in diesem Jahrzehnt. Das letzte Jahrzehnt ist dabei um die noch nicht eingetretenen Jahre verkürzt, in Hannover fehlen zusätzlich die Daten bis 1952. Das hat aber keinen spürbaren Einfluss auf die Vergleichbarkeit der Jahrzehnte.

Die mittlere Windgeschwindigkeit in Metern pro Sekunde hat sich wie folgt entwickelt:

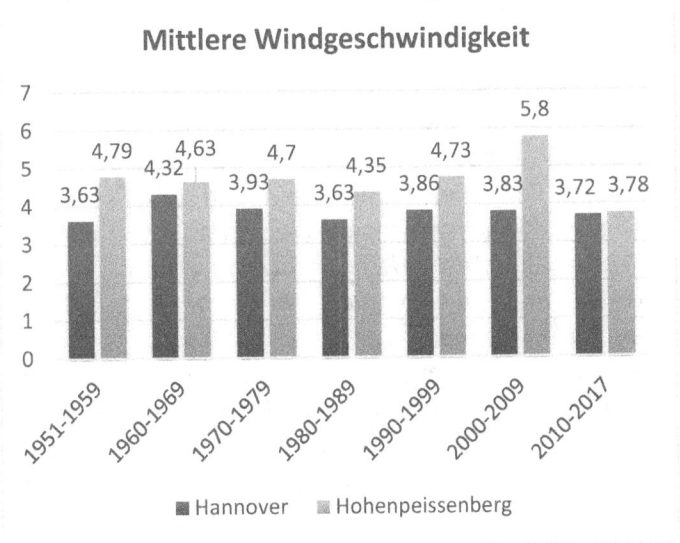

Mittlere Windgeschwindigkeit

	1951-1959	1960-1969	1970-1979	1980-1989	1990-1999	2000-2009	2010-2017
Hannover	3,63	4,32	3,93	3,63	3,86	3,83	3,72
Hohenpeissenberg	4,79	4,63	4,7	4,35	4,73	5,8	3,78

■ Hannover   ▨ Hohenpeissenberg

Auf dem Hohenpeißenberg konnte man im Jahrzehnt 2000-2009 eine Erhöhung erleben, die aber im darauffolgenden Jahrzehnt wieder durch einen deutlichen Rückgang ausgeglichen wurde. Für Statistiker: die Trendlinie sinkt in der Wirklichkeit um 0,0236 m/s pro Jahrzehnt. In Hannover sieht es eher nach einem im Laufe der Jahrzehnte leicht abflauenden Wind. Die Trendlinie sinkt hier um 0,0279 m/s pro Jahrzehnt.

Vielleicht ist hier eine Anmerkung zur Verwendung von Trendlinien angebracht. Sie basieren auf einem einfachen statistischen Konzept: es wird versucht, eine Gerade zu finden, die die kleinsten Abweichungen von den Datenpunkten aufweist. Bei Daten, deren Abfolge eine eindeutige Richtung zeigt, gewinnt man eine sinnvolle Information – die Trendlinie (bzw. deren Steigung) zeigt einen „geglätteten" Verlauf der Daten. Bei Daten, die wild hin- und herspringen, wie das bei den meisten Klimadaten der Fall ist, ist eine solche Glättung nicht sinnvoll – sie bringt uns kaum

verwertbare Information. Am Beispiel der gezeigten Wind-
messungen sehen wir das anschaulich: die Information,
dass die Windgeschwindigkeiten auf dem Hohenpeißenberg um 0,0236 m/s pro Jahrzehnt bzw. um ca. 0,14 m/s im
gesamten sechsundsiebzigen Zeitraum zunehmen, charak-
terisiert die Zeitreihe, die um bis zu 2 m/s hin und her
schwankt, auf keine brauchbare Weise. Daher werden wir
im Weiteren auf die Verwendung der Trendlinien verzichten. Da wo der Trend eindeutig ist, werden wir ihn auch mit
bloßem Auge erkennen.

Wenn der Wind im Durchschnitt weder stärker noch
schwächer geworden ist, sind seine Extreme größer? Darüber dürften die maximalen Windböen Aufschluss geben.
Das Maximum (d.h. die größte Windspitze des jeweiligen
Jahrzehnts) ist in der nächsten Graphik dargestellt.

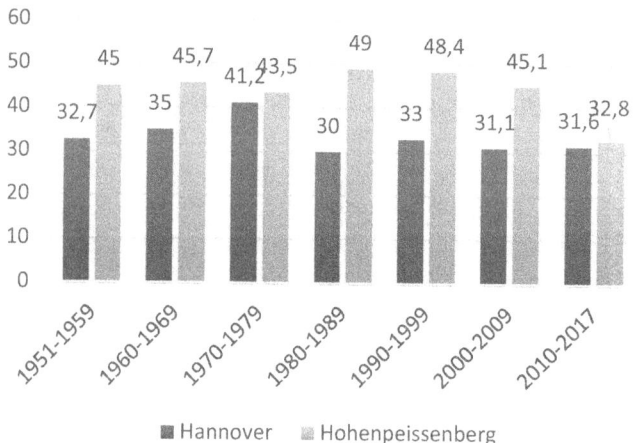

Auch hier ist offenbar kein Trend zu erahnen – es gibt windigere und weniger windige Jahrzehnte, ohne dass ein Wachstum erkennbar ist. Es trifft also nicht zu, dass der Wind zunimmt und auch nicht, dass seine Spitzen zerstörerischer sind als früher.

2.2   Der Regen gestern und heute

Ein anderes Wetterphänomen mit Katastrophenpotenzial sind die Niederschläge. Zu viel davon äußert sich in Sturmfluten, zu wenig in Trockenheit.

Als Gesamtmaß können wir die mittleren täglichen Niederschläge beider Stationen betrachten.

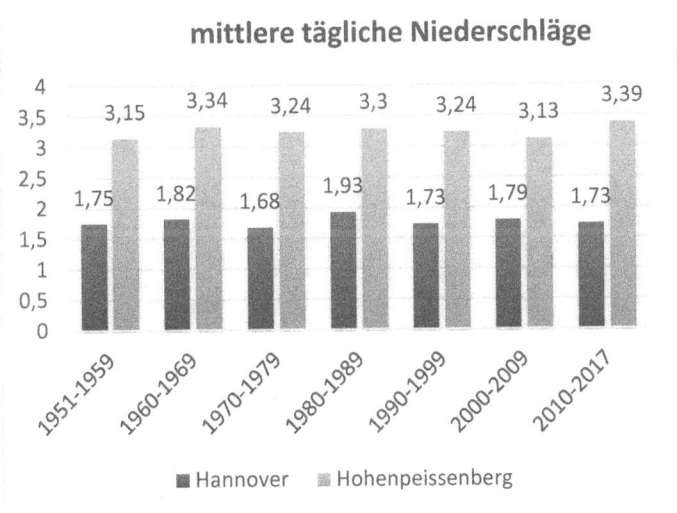

Hier kann man keine Veränderung, weder nach oben noch nach unten beobachten. Die Trendlinie sinkt hier ebenfalls: um 0,02, was in praktischen Maßstäben ebenfalls eine Umschreibung für „keine Veränderung" ist.

Als Extremmaß kann man das tägliche Niederschlagsmaximum über das gesamte jeweilige Jahrzehnt verwenden. Es ist die Niederschlagsmenge des regnerischsten Tags in diesen zehn (im letzten betrachteten Jahrzehnt acht) Jahren. Wenn die Niederschläge an einem Tag die Bezeichnung „Sturmflut" verdient haben, dann war das dieser Tag.

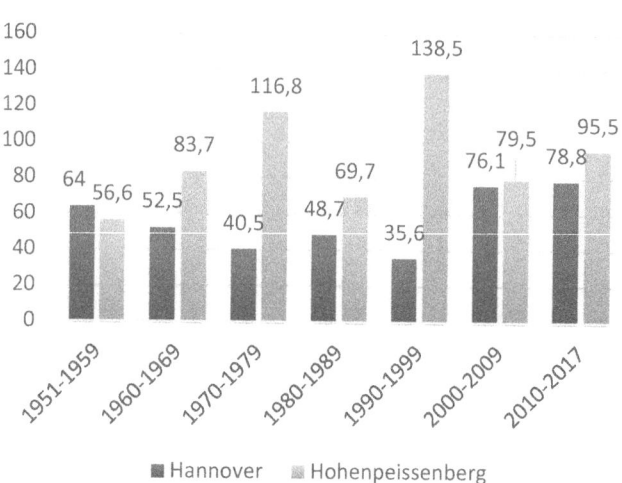

Auf dem Hohenpeißenberg ragen hier siebziger und achtziger Jahre hervor, währen die Spitzen in Hannover gerade in diesen Jahrzehnten am geringsten waren. Innerhalb vom gewaltigen Hin und Her könnte man hier einen Trend nach oben ersehen. An sich ist aber das Maximum über 3652 Tage ein statistisch sehr fragiles Maß. Daher wird in der Statistik üblicherweise ein Maß der Variabilität, die sogenannte Standardabweichung verwendet. Dieses Maß ist groß, wenn die einzelnen Werte stark um den Durchschnitt variieren. Bei den Niederschlägen wäre das dann der Fall, wenn an vielen Tagen hohe Niederschläge zusammenkommen und an ebenfalls vielen Trockenheit herrscht. Die Graphik dieser Standardabweichungen im Bild „Variabilität der täglichen Niederschläge" zeigt zwar etwas höhere Variabilität im letzten Jahrzehnt, weist aber sonst praktisch keinen Trend auf.

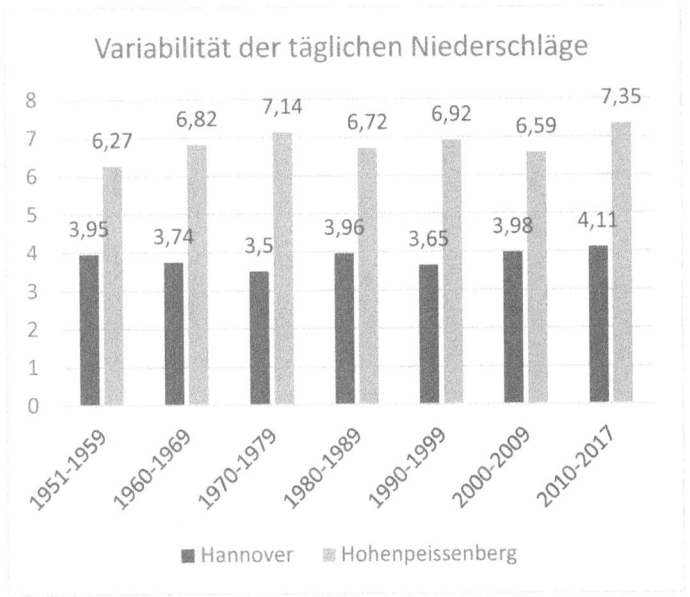

Variabilität der täglichen Niederschläge

Oft wird die Hypothese zitiert, dass die Sommer tendenziell trockener und die Winter feuchter werden. Eine Bestätigung könnte man in den Zahlen von Hannover sehen. Hier werden nur die Niederschläge von Juni und August (stellvertretend für den Sommer)- sowie die von Januar und Februar (als Wintervertreter) gezählt.

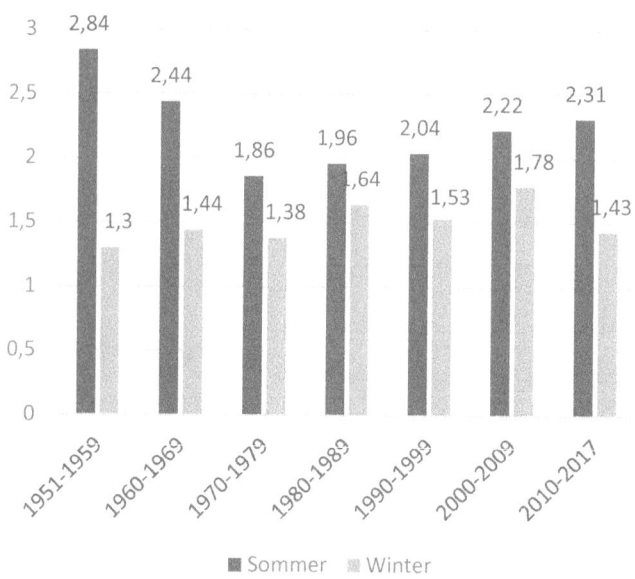

mittlere Niederschläge Hannover

Sommer ■ Winter

Die mögliche Trendumkehr im Sommer ab den siebziger Jahren ist relativ schwach, um der Hypothese zu widersprechen.

Die Station Hohenpeißenberg spielt hier jedoch nicht mit. Sie zeigt jedoch genau gegenteilige Verhältnisse als die genannte Hypothese. Die Niederschlagsmengen im Sommer stiegen um ca. 20 %. Im Winter hingegen sanken sie ungefähr um den gleichen Betrag.

Die Entwicklungen sind also genauso vielfältig wie das Wetter selbst.

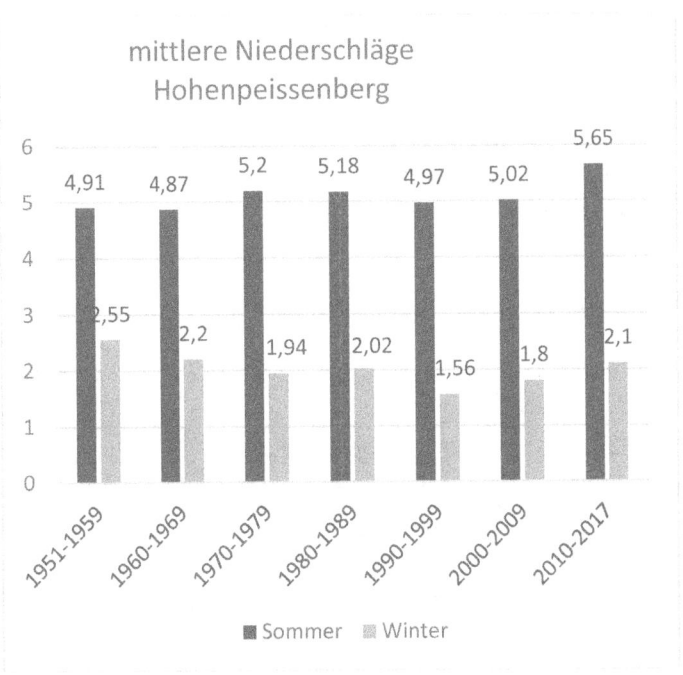

mittlere Niederschläge
Hohenpeissenberg

2.3 Wie heiß ist es geworden?

Die Katastrophenträger Wind und Niederschlag bieten also kein Bild einer furchterregenden Entwicklung.

Bei Temperaturen scheint eine gesicherte Erkenntnis zu sein, dass ihr Anstieg messbar war. War dieser Anstieg bedrohlich groß oder vernachlässigbar klein? Wichtig ist also das Ausmaß dieses Anstiegs.

Eine andere Bedrohung könnte vom Auftreten von Extremwerten herrühren – mal extreme Hitze, mal extreme Kälte.

In den meteorologischen Messstationen wird in der Regel der niedrigste (der typischerweise in der Nacht auftritt) und der höchste Temperaturwert eines Tages aufgezeichnet. Gemessen wird die Lufttemperatur im Schatten in der Standardhöhe von 2 m.

Für jedes Jahrzehnt wurden im Folgenden Bild die Mittelwerte der Tagesmaxima berechnet (gemittelt über alle Tage des Jahrzehnts):

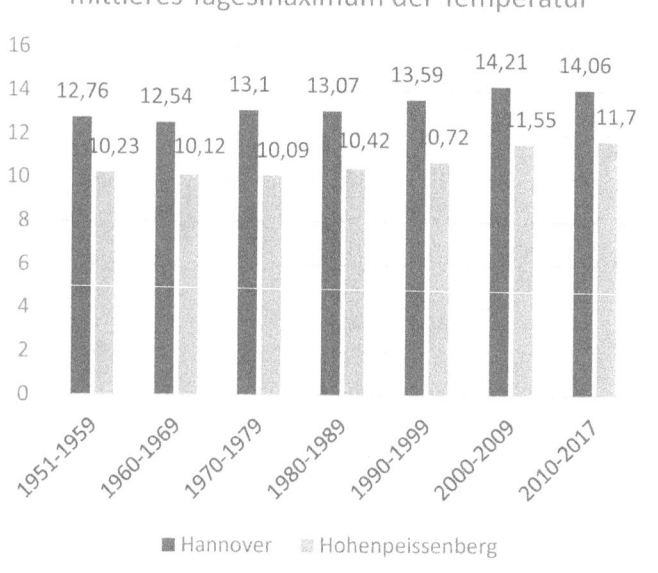

Der erwartete Anstieg ist offensichtlich. Er beträgt über die 70 Jahre des Beobachtungszeitraums in beiden Stationen 1,3°C bzw. 1,5°C.

Einen ähnlichen Trend kann man bei den Tagesminima beobachten:

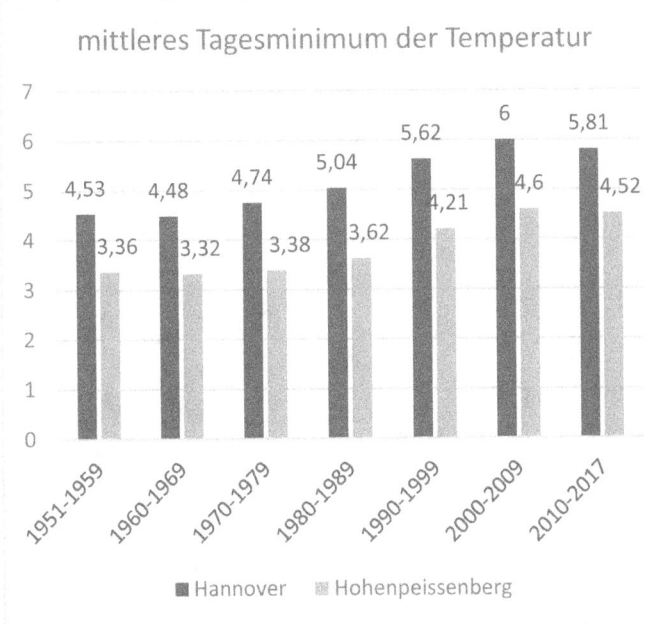

mittleres Tagesminimum der Temperatur

■ Hannover　▒ Hohenpeissenberg

Wir können also davon ausgehen, dass die mittleren Temperaturen um 1,2 bis 1,5°C angestiegen sind.

Die Schwankungsbreite kann, wie bei den Niederschlägen, auf verschiedene Art beurteilt werden.

Man kann beispielsweise den jeweils heißesten Tag des Jahrzehnts vergleichen. Entgegen der landläufigen Meinung zeigen diese Extreme keinen deutlichen Aufwärtstrend – jedenfalls keine Erhöhung um 1,5°C wie bei den Mittelwerten. Mit anderen Worten, obwohl die Temperaturen im Durchschnitt steigen, werden die Extremtage nicht entsprechend wärmer. Natürlich hat jeder, der heiße Sommertemperaturen nicht mag, das Gefühl, es gibt zu viel davon. Der Eindruck, die Hitzetage mit vom Durchschnitt

deutlich abweichenden Temperaturen hätten sich unge-
bührlich vermehrt, ist jedoch nicht durch Messungen zu
belegen und daher unbegründet.

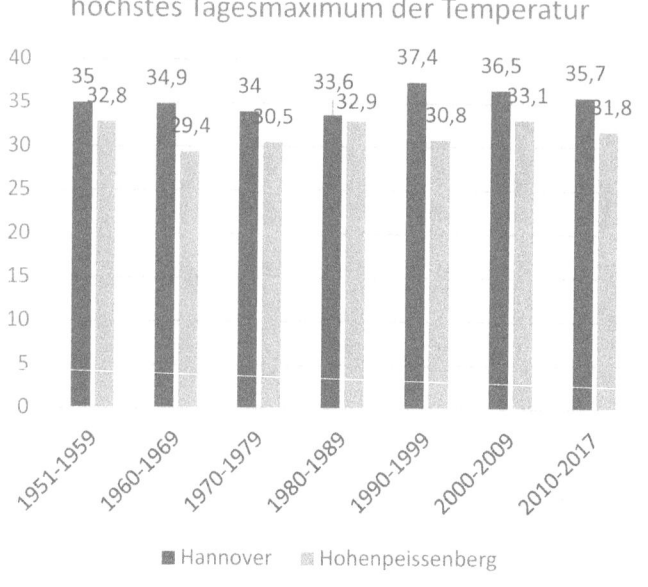

höchstes Tagesmaximum der Temperatur

■ Hannover ■ Hohenpeissenberg

Da der heißeste Tag des Jahrzehnts sehr zufällig ist,
überprüfen wir die Aussage noch mit der statistisch objek-
tiveren Variabilitätskennzahl, der Standardabweichung. Sie
erlaubt die gleiche Schlussfolgerung. Die Variabilität
schwankt im einstelligen Prozentbereich von Jahrzehnt zu
Jahrzehnt, aber ohne einen Trend - die Neigung zu Extremen hat sich nicht verstärkt.

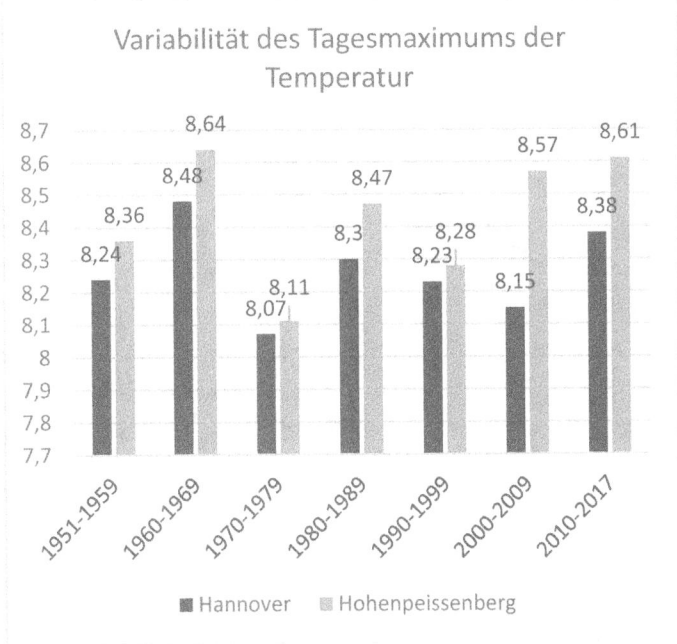

Variabilität des Tagesmaximums der Temperatur

■ Hannover   ▨ Hohenpeissenberg

Das Gegenstück sehr heißer Tage sind sehr kalte Tage. Ob sie vermehrt vorkommen, ist durch die Betrachtung der Tages-Temperaturminima zu sehen. Diese Tagesminima treten meistens in den frühen Morgenstunden vor dem Sonnenaufgang. Das ist die Zeit, zu der sich die meisten auf den Weg in die Arbeit begeben. Längeres Kratzen an der Windschutzscheibe ist noch die harmloseste Folge eines niedrigen Tagesminimums.

Betrachten wir die niedrigsten Tagesminima des jeweiligen Jahrzehnts, sehen wir eine andere Entwicklung als bei den Maxima. Hier werden die Extreme deutlich abgeschwächt – die brutalsten Frosttage finden nicht mehr statt.

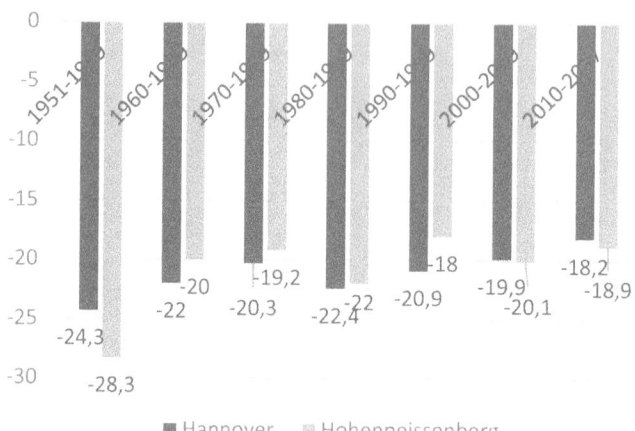

niedrigstes Tagesminimum der Temperatur

1951-19... 1960-19... 1970-19... 1980-19... 1990-19... 2000-20... 2010-20...

-20
-22
-24,3
-28,3
-19,2
-20,3
-22,4 -22
-18
-20,9
-19,9
-20,1
-18,2
-18,9

■ Hannover   ▧ Hohenpeissenberg

Für beide Extreme der Temperaturen, die allerhöchsten und die allerniedrigsten, gilt also gemeinsam, dass sie sich im Laufe unseres Betrachtungszeitraums immer abgeschwächt haben. Beide sind näher an der mittleren Temperatur als früher.

Fassen wir zur Verdeutlichung die Bandbreite der Extreme in einem Wert pro Jahrzehnt: berechnen wir jeweils die Differenz des Zehn-Jahres-Maximums und des Zehn-Jahres-Minimums.

Bei beiden Messstationen sehen wir einen deutlichen Abwärtstrend. Über die sieben Jahrzehnte macht der Abfall 8 bis 10°C. Die Bandbreite verringert sich also deutlich, die Neigung zu Extremen hat abgenommen.

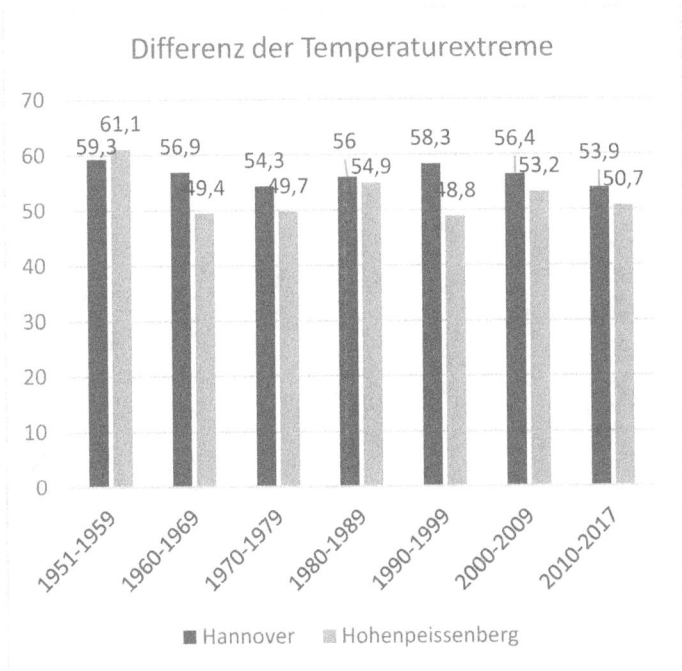

Differenz der Temperaturextreme

Hannover   Hohenpeissenberg

Die Abnahme liegt nicht etwa daran, dass die Tages- und Nachttemperaturen ähnlicher geworden sind. Innerhalb eines Tages bleibt die typische Differenz zwischen Tagesmaximum und Tagesminimum so wie sie war. Das zeigt die abgebildete Aufstellung der Tagesdifferenzen.

Wie wird sehen, ist das Zeitalter der Wetterextreme ist bei uns mit Sicherheit nicht ausgebrochen.

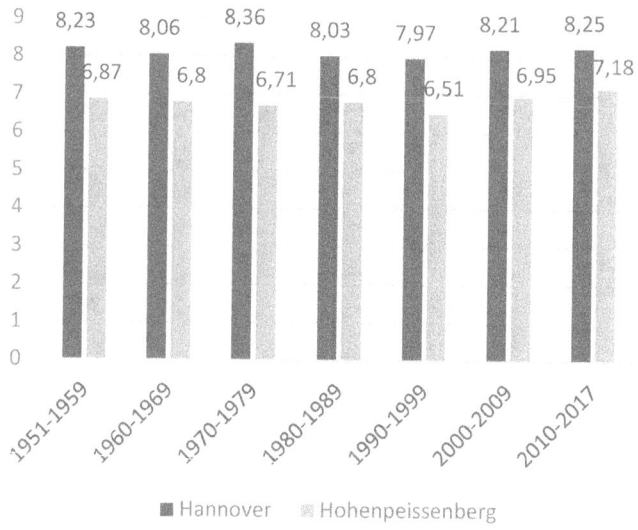

mittlere Temperaturdifferenz des Tages

■ Hannover ▒ Hohenpeissenberg

Der einzige handfeste Befund ist die leicht angestiegene Temperatur während der letzten 70 Jahre. Der Unterschied beträgt, wie bereits angeführt, zwischen 1,2 und 1,5°C. Ist das nun viel oder wenig? Werden wir vielleicht auch diese Entwicklung deutlich spüren?

Um sich ein Bild zu machen, wie viel diese Differenz im Alltag ausmacht, zeigen wir zum Vergleich in einer Tabelle die mittleren Tagestemperaturen einiger deutscher Städte aus dem Jahr 2017 (aus hhttps://www.wetterkontor.de/).

Stadt	mittlere Temperatur [°C]
Zwiesel	7,8
Freudenstadt	8,1
Hof	8,2
Ulm	8,5
Kempten	8,6
Chemnitz	9,2
Ellwangen	9,2
München Flughafen	9,2
Hamburg	9,9
Lindenberg	10,0
Rostock	10,0
Emden	10,1
Berlin	10,4
München	10,4
Stuttgart	10,4
Frankfurt	11,2
Freiburg	11,2
Mannheim	11,5
Köln-Stammheim	11,9

Auch wenn man von den vom Mittelgebirge umgebenen Städten Freudenstadt in Schwarzwald und Zwiesel im

Bayerischen Walt absieht, betragen die Unterschiede 3,7°C. Besonders in Köln ist es erstaunlich warm, obwohl man dort bestimmt von keiner heißen Hölle sprechen kann. Der allgemeine Temperaturanstieg während des untersuchten Zeitraums von 70 Jahren ist vergleichbar (bzw. etwas geringer) mit einem Umzug von Ulm nach Stuttgart (1,9°C). Obwohl der Dauerstau auf der A8 das Gefühl vermittelt, 1000 km fahren zu müssen, sind es von Ulm nach Stuttgart schlappe 80 km. Ein Gefühl der Auswanderung in die Tropen hat man bei diesem Umzug bestimmt nicht. Da die Temperatur mit der Meereshöhe pro 100 m je nach Luftfeuchtigkeit um 0,7 bis 1,0°C sinkt, kann man den heutigen, zur globalen Katastrophe erklärten Klimawandel auch bei einem Umzug innerhalb eines Stadtgebiets erleben, beispielsweise in Stuttgart aus Degerloch in die Stadtmitte. Wer einen solchen Wohnungswechsel schon mal durchgemacht hat, hat sich wahrscheinlich weder vorher noch nachher Gedanken um die erlebten klimatischen Folgen gemacht.

2.4   Kennzahlen, die Angst machen (sollen)

Neben der nüchternen Feststellung, dass die Temperaturen je nach Region oder vergleichendem Zeithorizont um 1°C oder 2°C steigen, erreicht uns oft eine andere Art von Aussagen. Ein typisches Beispiel ist „die Anzahl der Hitze-Tage wird auf das doppelte (oder dreifache) steigen". Das hört sich deutlich dramatischer an, als der bloße, ziemlich geringe Temperaturanstieg. Es wird damit suggeriert, dass die Temperaturen im Mittel zwar unbedeutend steigen, die Extreme jedoch gehäuft auftreten.

Diese Fragestellung hat etwas mit der Darstellung von zufallsgesteuerten Phänomenen zu tun. Für Mathematiker mit Fachrichtung Stochastik ist die Beziehung beider Aussagen leicht nachvollziehbar und überhaupt nicht dramatisch. Für Nichtmathematiker nehmen wir uns ein einfaches Beispiel aus dem Alltag vor. Wer Mathematik wirklich hasst, für den können die nachfolgenden Überlegungen trotzdem eine Zumutung sein. Er oder sie kann sie gerne überspringen und sich mit dem Aufruf zur Vorsicht bei solcher Art von Aussagen begnügen.

Die Menschen, denen wir im Alltag begegnen, sind unterschiedlich groß. Die Körpergröße der meisten liegt irgendwo um einen mittleren Wert, der bei Männern und Frauen unterschiedlich ist. Um diesen mittleren Wert schwanken die tatsächlichen Großen konkreter Menschen. Die Häufigkeit der großen Abweichungen ist deutlich geringer als diejenige von kleinen: über 2 Meter hohe Männer sind viel seltener als solche, deren Körpergröße zwischen 170 und 190 cm liegt. Genauso relativ selten sind die Größen unter 160 cm. Bei Frauen ist die Verteilung natürlich verschoben.

Typisch für die Verteilung der Häufigkeiten ist die bekannte Glockenkurve: in der Mitte um den Mittelwert ist sie am höchsten und nimmt zu beiden Seiten deutlich ab, bis sie bei praktisch null landet. Damit wird zum Ausdruck gebracht, dass die mittleren Werte häufig und die extremen selten sind. Sehr viele in der Welt vorkommende Größen richten sich nach einer solchen Verteilung. Sie ist so normal, dass sie Normalverteilung (oder auch Gauß-Verteilung) heißt. Sie sieht wie im folgenden Bild aus.

Körpergröße: Häufigkeiten

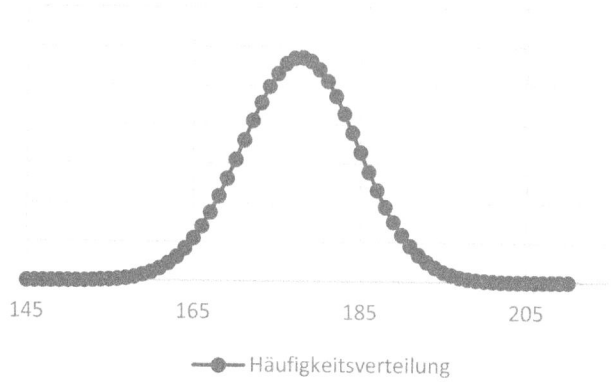

| 145 | 165 | 185 | 205 |

●— Häufigkeitsverteilung

Die Positionierung und die Breite dieser Verteilung sind einer Studie aus dem Jahr 2008 entnommen (Zitation: *Mumdzhiev, M., 2010, Erster Zwischenbericht zur Studie: Körpergröße als Indikator sozialer Ungleichheit, Nürnberger Beiträge zur Sozial- und Wirtschaftsforschung, 03/10, Nürnberg*). Danach lag die mittlere Größe deutscher Männer bei 177,69 cm. Auch die Streuung dieser Größe wurde bestimmt: das statistische Maß dafür, die sogenannte Standardabweichung, lag bei 6,59 cm. Bei einer Normalverteilung machen die Fälle, die sich vom Mittelwert um maximal die Standardverteilung unterscheiden, fast 70% aller Fälle aus. In unserem Fall sind es männliche Körpergrößen zwischen 171,10 und 184,28 cm.

Inzwischen sind die deutschen (und wahrscheinlich auch alle anderen) Frauen und Männer etwas gewachsen. Bei einer anderen Untersuchung, deren Datengrundlage um 2017 liegt, landeten deutsche Männer mit einer durchschnittlichen Größe von 179,9 Zentimetern zwar erst auf dem elften Platz unter den untersuchten Ländern, immerhin jedoch um 2,2 cm höher als in 2008. Ob der Unterschied tatsächlich war oder nur der Erfassungsmethode geschuldet ist, sei dahingestellt. Für unsere Beispielrechnungen kann er so verwendet werden. Die Variationsbreite wurde hier nicht genannt, nehmen wir also an, sie hat sich nicht verändert. Nehmen wir auch weiterhin für die Häufigkeiten in beiden Vergleichsjahren die normalste aller Verteilungen, die Normalverteilung.

Das Vergleichsbild beider Häufigkeitsverteilungen ist nicht überraschend: die Häufigkeiten von entsprechenden Körpergrößen sind in 2017 einfach um 2,2 cm nach rechts verrückt.

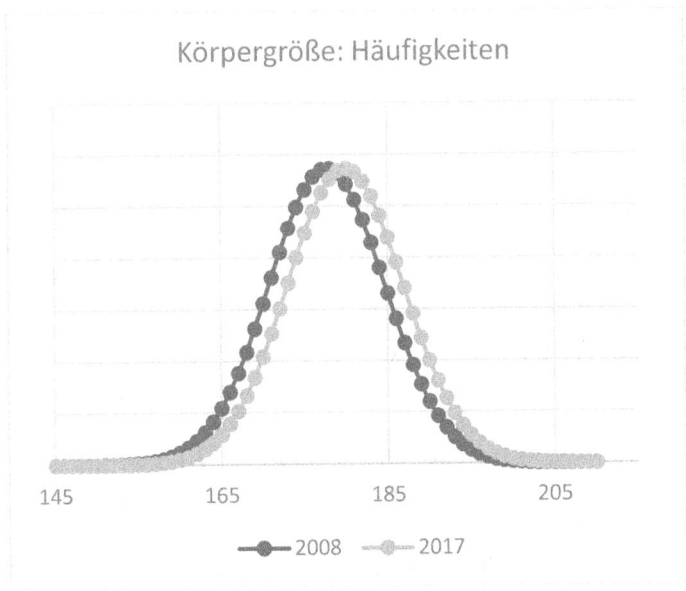

Körpergröße: Häufigkeiten

145   165   185   205

—●—2008 —◉—2017

Nun könnte jemand auf die Idee kommen, den Begriff eines „Riesen" zu definieren, beispielsweise eines Mannes, der 200 cm oder mehr groß ist. Um den Anteil dieser Männer an der Gesamtbevölkerung zu bestimmen, ist eine andere Graphik hilfreich – diejenige der kumulierten Häufigkeiten.

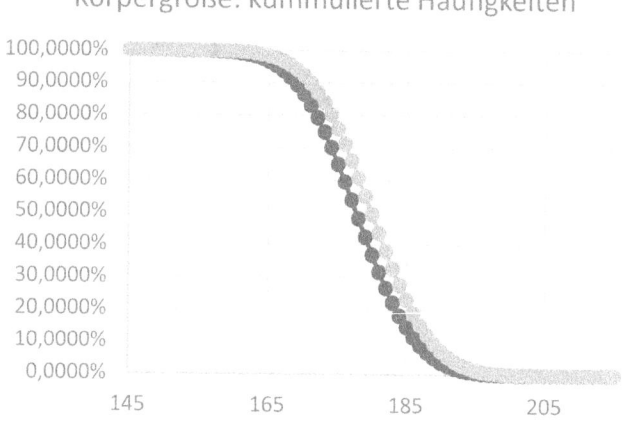

Körpergröße: kummulierte Häufigkeiten

Aus dieser Graphik erfahren wir, wie häufig eine Körpergröße ist, die höher als ein bestimmter Wert ist. Wir sehen, dass sie bei 50% liegt, falls wir den Mittelwert von 177,69 cm in 2008 und von 177,9 cm in 2017 nehmen. Die Wahrscheinlichkeit, dass ein Mann in 2017 höher als der alte Mittelwert von 177,69 cm ist, ist etwas gewachsen: von 50% auf ca. 63% d.h. ein Anstieg um ca. 25%.

Bei höheren Werten sinkt diese Wahrscheinlichkeit natürlich – je höher wir die Schranke legen, desto weniger Männer werden sie überschreiten. Um die Häufigkeit von Riesen abzulesen, vergrößern wir den rechten Teil der letzten Graphik.

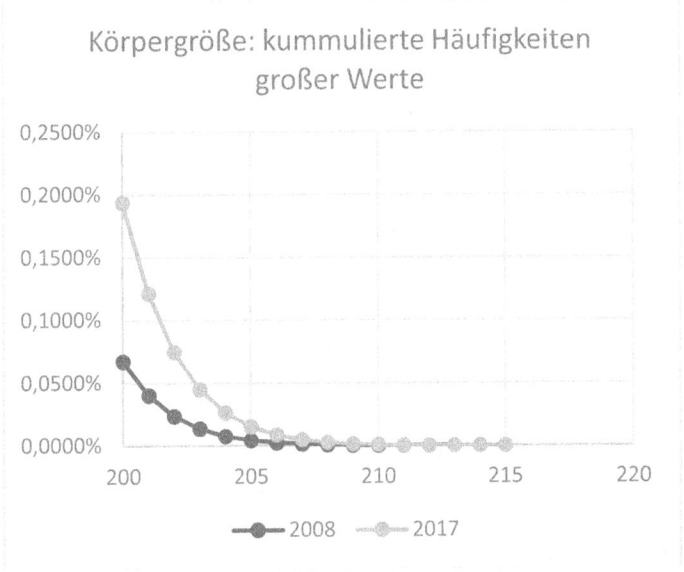

Körpergröße: kummulierte Häufigkeiten großer Werte

Hier sehen wir zuerst, dass die Häufigkeit von Riesen sehr klein ist – unter einem Fünftel Prozent. Sie ist jedoch von 0,0673 % auf 0,1936 % gewachsen. Das ist eine fast dreifache Steigerung! Hätten wir allerdings die Definition der Riesenhaftigkeit entsprechend dem Mittelwert auf 202,2 cm angepasst, wäre diese Häufigkeit gleich geblieben.

Wir haben also zwei Aussagen über die Entwicklung der Körpergröße von 2008 bis 2017, die dem gleichen Tatbestand entsprungen sind:

1. Die Männer sind im Durchschnitt um 2,2 cm größer geworden.
2. Die Anzahl der „Riesen" ist auf das fast Dreifache (genau: das 2,8766-fache) gestiegen.

Für einen nüchternen Statistiker sind diese beiden Aussagen absolut gleich – aber wer ist schon ganz nüchtern! Auch wenn bei der Definition der Nüchternheit den Alkoholgenuss ausklammern, sind wir durch die Art der Aussage beeinflussbar. Die letztere Variante fühlt sich irgendwie stärker an. Wichtig ist die Botschaft, die darunter typischerweise verstanden wird. In unserem Fall der Körpergröße können wir uns die Frage stellen: befinden wir uns in 2017 plötzlich im Gullivers Reich der Riesen? Den Eindruck werden die Wenigsten haben. Das Anwachsen der Durchschnittsgröße um 2,2 cm kann man zur Kenntnis nehmen, im Alltag beobachten kann man ihn jedoch nicht. Daher ist das Hantieren mit der Riesenhaftigkeit vielleicht ein interessantes Bonmot, aber keine griffige Aussage über die Entwicklung der Menschen.

Anzumerken ist, dass die Aussagen zum Überschreiten eines Grenzwerts unter gewissen Bedingungen auch sinnvoll sein können. Eigentlich ist es nur eine Bedingung: der Grenzwert muss ein zu einem gewissen Ziel konkret wichtiger Wert sein. Bei der Körpergröße könnte man die bei uns in Neubauten typische oder sogar normierte Türrahmengröße zugrunde legen. Sie liegt tatsächlich bei 200 cm, obwohl es auch andere Maße gibt. Die Riesen nach unsere Definition haben hier ein Problem mit ihrem Kopf. Deren Anteil der potenziell vor den Kopf gestoßenen würde von 2008 bis tatsächlich von 0,0673 % auf 0,1936 % steigen. Das bedeutet natürlich nicht, dass die Türrahmengröße auf das Dreifache erweitert werden sollte – es reicht, wenn sie um 2,2 cm wächst. Ein besonders erleuchteter Normierer könnte hier in die Zukunft schauen und gleich 5 cm mehr veranschlagen.

Mit diesem gedanklichen Instrumentarium können wir nun die Charakteristiken der steigenden Temperatur beurteilen. Nehmen wir als Beispiel die sommerlichen Tagesmaxima in Hannover. Sie betrugen im Jahrzehnt 1950-1959 im Mittel 21,9°C, mit Standardabweichung von 3,54°C als Maß der Schwankungsbreite. Wir beschränken die Auswahl auf die Sommermonate Juli und August, da man dort

34

berechtigterweise von Zufallsschwankungen um einen Mittelwert ausgehen kann. (Bei den Temperaturen des gesamten Jahres wäre hingegen der systematische Einfluss der Jahreszeit dominant.)

Oft wird als Definition eines „Hitzetages" das Überschreiten von 30°C herangezogen. Geht man von der Normalverteilung aus, tritt ein solcher Hitzetag mit einer Häufigkeit von 1,11 %. Die Temperaturen von 28°C und 29°C werden mit Häufigkeiten von jeweils 4,24 % und 2,24 % überschritten.

Was passiert, wenn die mittlere Temperatur um 1°C steigt? Jetzt verschiebt sich alles um 1°C. 29°C werden also mit einer Häufigkeit von 4,24 %, 30°C mit 2,24 % und 31°C mit 1,11 %. Bei einer nicht angepassten Hitzedefinition treten also die Hitzetage mit einer 2,03-fachen Häufigkeit. Bei einer um 2°C angestiegenen mittleren Temperatur wäre das sogar das 3,83-fache.

Der wirkliche Temperaturanstieg bis zum (unvollständigen) Jahrzehnt 2010-2017 betrug 1,6°C, mit „Hitzetagfaktor" 3,32.

Es handelt sich jedenfalls um kleine Wahrscheinlichkeiten. In 2017 trat in Hannover nur ein solcher Tag auf (der 19. Juli). In 1950 wurde er um 0,4°C verpasst, in 1951 trat einer auf (der 30. August).

Genauso wie bei den Körpergrößen haben wir zwei Arten, denselben Sachverhalt betreffend den Temperaturanstieg von 1950 bis 2017 zu beschreiben:

1. Es ist um 1,6°C wärmer geworden.
2. Die Anzahl der Hitzetage hat sich mehr als verdreifacht.

Während die erstere Aussage keinem den Schrecken einflößt, suggeriert die andere den Trip in eine heiße Hölle. Im Gegensatz zu Körpergröße, die den Grenzwert von 200 cm durch das Verletzungsrisiko beim Durchschreiten eines Türrahmens motiviert, sind 30°C völlig willkürlich gewählt.

Bei dieser Temperatur fängt weder das Wasser noch das Blut zu kochen. Damit sind 30°C genauso gut wie 28°C oder 32°C. Es ist nur eine runde Zahl, die sich allerdings z.B. in den USA auf die unrunden 86°F (Grad Fahrenheit) beläuft.

2.5   Im Auge des Hurrikans

Angesichts der angeführten Klimadaten könnte man auf die Idee kommen, wir leben auf einer mitteleuropäischen Insel der Seligen, wo der Klimawandel ausnahmsweise kaum zuschlägt. Was läuft jedoch bei unseren Mitmenschen in anderen Erdteilen? Ein besonderes Augenmerk dürften die warmen Erdregionen auf sich ziehen, die es auch so schon warm genug haben. Hinzu kommen für uns exotische Wetterphänomene wie tropische Wirbelstürme mit ihren transportierten Wassermassen. Besonders oft hören wir die Berichte aus den Süden der USA, wo sich wackere CNN-, CBS- und Fox-Reporter in Sturzhelmen inmitten von windgebeugten Palmen im knöcheltiefen Wasser auf den Straßen watend zeigen, damit dem Fernsehzuschauer kein abenteuerliches Bild entgeht. Zu den geplagten Staaten gehört sicherlich auf vorderster Front der Sunshine State Florida.

Sehen wir uns daher kurz einige von den aufgezeichneten Wetterdaten. Jeder kann sie von der Webseite von *Florida Climate Center* (http://climatecenter.fsu.edu/) herunterladen. Gute Abdeckung haben beispielsweise die Messstationen an internationalen Flughäfen. Im typischen Hurrikan-Gebiet liegen Tampa an der Golfküste und Miami am Atlantik. Zur Ergänzung nehmen wir zusätzlich noch die etwas nördlicher liegende Großstadt Jacksonville an der Atlantikküste.

Die typischen Temperaturen in dieser Gegend sind (und waren schon immer) unseren Sommertemperaturen überlegen. Um die Unterschiede gut zu sehen, sind die mittleren Tagesmaxima erst ab 25°C eingetragen.

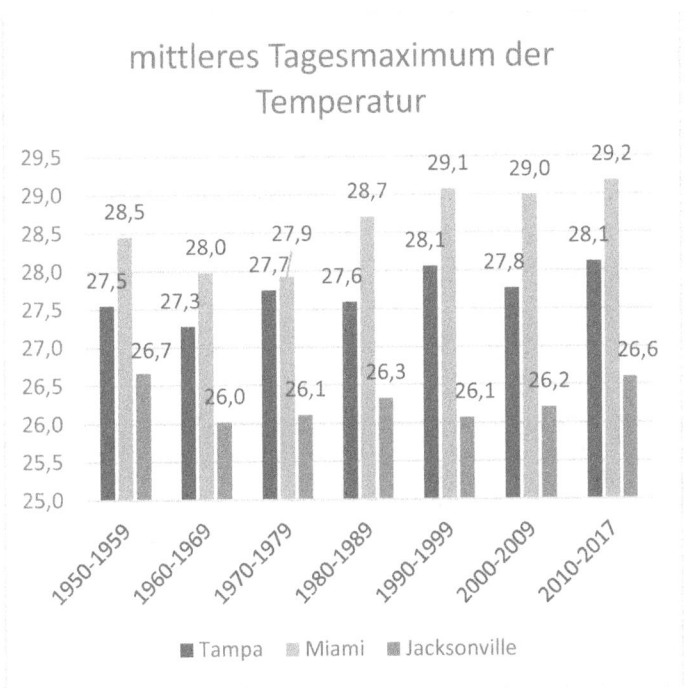

mittleres Tagesmaximum der Temperatur

Tampa ▪ Miami ▪ Jacksonville

Eine Temperaturerhöhung ist auch in Florida messbar. Im Laufe der vergangenen 70 Jahre sind es jedoch deutlich weniger als 1°C, in Jacksonville sogar überhaupt keine Temperaturerhöhung. Der Temperaturanstieg ist also in Florida, wo man von ihm weniger begeistert wäre als bei uns, deutlich geringer ausgefallen als in Mitteleuropa.

Die heißesten Tage des jeweiligen Jahrzehnts (Maximum der Tages-Temperaturmaxima) weisen keinen eindeutigen Aufwärtstrend auf. In den sechziger und siebziger Jahren waren die Höchsttemperaturen etwas niedriger als in den übrigen Jahrzehnten, in den Fünfzigern dafür genauso hoch wie nach 1980.

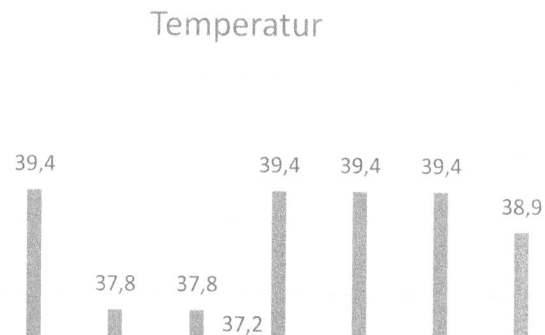

höchstes Tagesmaximum der Temperatur

Die Maximalwerte steigen also kaum und die mittleren leicht. Das ist das Gegenteil von einer Häufung von Extremen – über die kann man also nicht sprechen. Das zeigt auch die Entwicklung der statistischen Variabilität. Sie nimmt eher ab als zu, jedoch im minimalen Ausmaß.

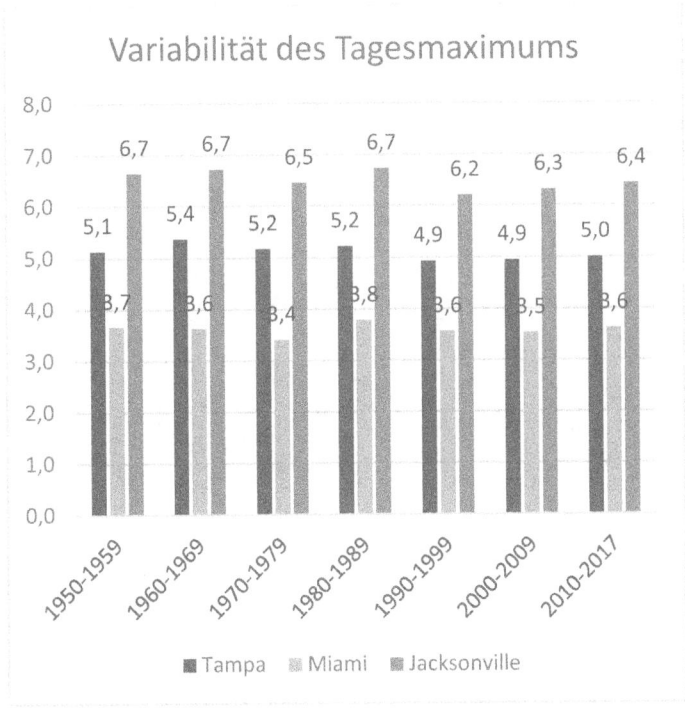

Variabilität des Tagesmaximums

Tampa: 1950-1959: 5,1 | 1960-1969: 5,4 | 1970-1979: 5,2 | 1980-1989: 5,2 | 1990-1999: 4,9 | 2000-2009: 4,9 | 2010-2017: 5,0

Miami: 3,7 | 3,6 | 3,4 | 3,8 | 3,6 | 3,5 | 3,6

Jacksonville: 6,7 | 6,7 | 6,5 | 6,7 | 6,2 | 6,3 | 6,4

■ Tampa ▨ Miami ▨ Jacksonville

Was man eher als steigend bezeichnen kann, sind die Tagesminima – wieder mit Ausnahme von Jacksonville, wo kein Anstieg zu sehen ist. Der Anstieg in Tampa und Miami fällt hier etwas größer aus als derjenige der Tagesmaxima. Als Folge dessen ist die Bandbreite der Temperaturen tendenziell kleiner. Das weist, wie in Mitteleuropa, nicht auf eine erhöhte sondern vielmehr auf eine verringerte Neigung zu Extremen.

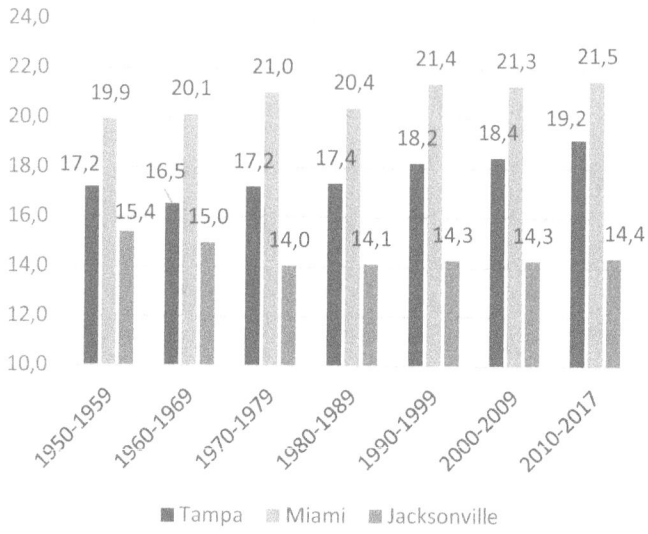

mittleres Tagesminimum der Temperatur

■ Tampa　▨ Miami　▨ Jacksonville

Auch in Florida kann es jedoch erstaunlich kalt werden, wenn auch selten. Die niedrigsten im jeweiligen Jahrzehnt erreichten Tagesminima sind breit gestreut. Genauso wie in den deutschen Messstationen dürfte man hier eine leichte Abkehr von sehr niedrigen Extremen herauslesen, also nochmals eher eine Beruhigung des Wettergeschehens.

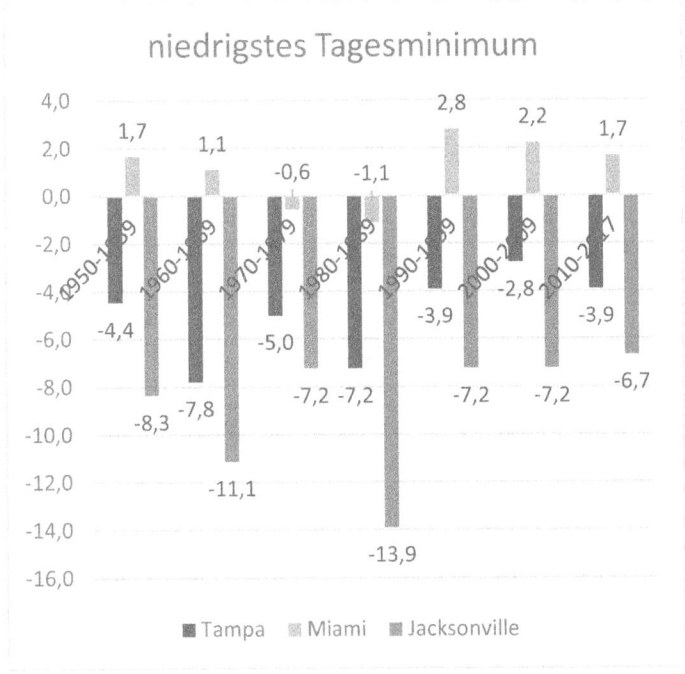

niedrigstes Tagesminimum

■ Tampa ▨ Miami ■ Jacksonville

Was außer der Urlaubsstimmung Florida in klimatischer Hinsicht berühmt macht, sind die tropischen Stürme. In diesem Teil der Welt tragen sie den klangvollen Namen „Hurrikan". Sie richten seit Menschengedenken große Schäden an. Die meisten davon rühren von sturmflutartigen Regenfällen, die in der flachen Landschaft Floridas nicht schnell genug abfließen. Das eigentlich zu erwartende Problem von Florida dürfte also in den mit den tropischen Stürmen verbundenen Niederschlägen gesehen werden.

Die Entwicklung der mittleren täglichen Niederschläge zeigt in Miami vor allem dank des erhöhten Werts des letzten Jahrzehnts eine Aufwärtstendenz. Im einem Jahrzehnt fiel hier also mehr Regen als vor siebzig Jahren. Die beiden anderen Städte, auch das hurrikan-geplagte Tampa, bleiben jedoch auf gleichem Niveau.

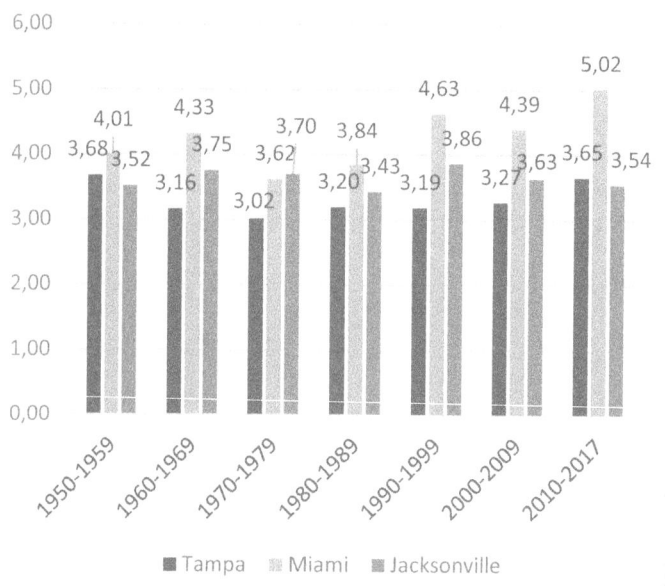

Interessanterweise war das durchschnittlich erhöhte Regenaufkommen (Schnee kommt dort als Niederschlag weniger in Betracht) offenbar mit keinem apokalyptischen Einzelregen in diesem Jahrzehnt verbunden. Hohe Spitzenwerte wurden eher in den Siebzigern sowie im ersten Jahrzehnt des 21. Jahrhunderts erreicht. Die Siebziger haben auch Tampa einen ergiebigen Einzelregen gebracht, wodurch man bei den Zehnjahres-Maxima von keinem Aufwärtstrend sprechen kann. Jacksonville hatte hier noch weniger zu bieten.

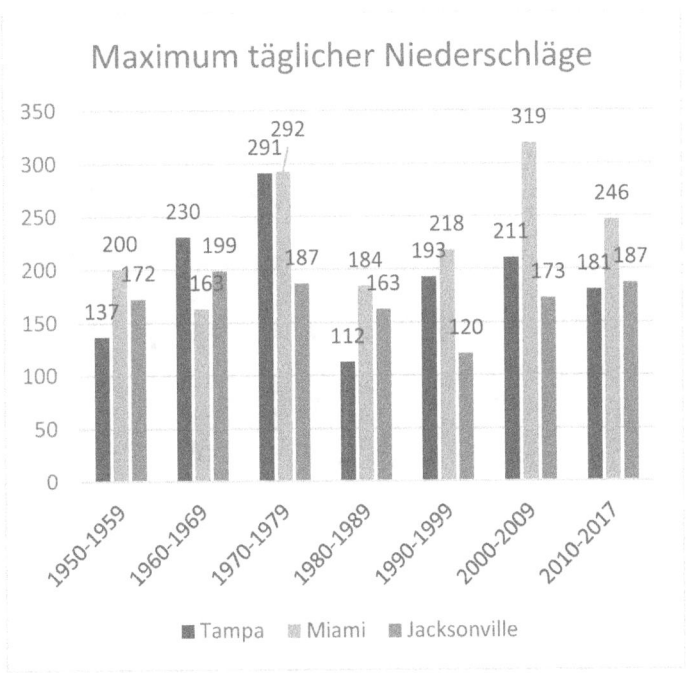

Maximum täglicher Niederschläge

Tampa ▪ Miami ▪ Jacksonville

Zur Ergänzung der Vorstellung über gelegentliche extreme Niederschläge zeigen wir noch die statistische Variabilitäts-Kenngröße. Sie ist in Miami etwas steigend. In anderen beiden Städten ist die Steigung entweder sehr gering (Tampa) oder gar nicht vorhanden (Jacksonville).

Der Anstieg der Variabilität in Miami beträgt über die 70 Jahre um die 20 %. Das ist ein ähnlicher Wert wie der Anstieg der Niederschlagsmengen selbst. Das ist auch zu erwarten. Die Niederschlagsmenge ist eine nichtnegative Größe (negative Regenmenge ist ja schwer vorstellbar). Größere durchschnittliche Regenmengen gehen immer mit einer proportional größeren Variabilität einher. Es ist also kein Hinweis auf eine erhöhte Neigung zu Extremen.

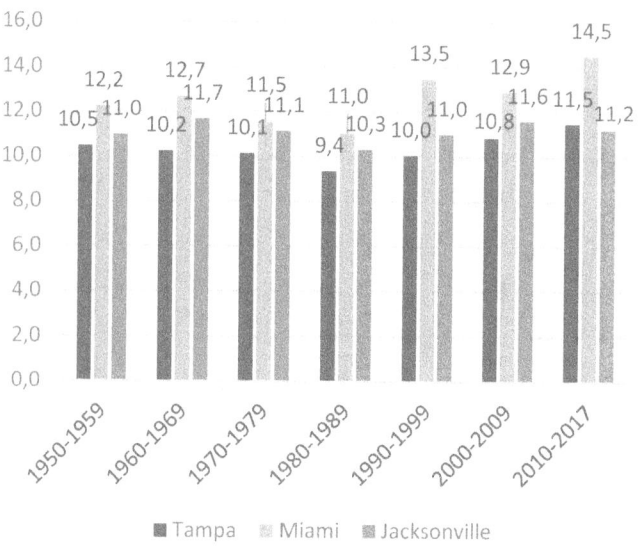

Variabilität täglicher Niederschläge

■ Tampa ▨ Miami ▨ Jacksonville

Wem dieses Argument verdächtig vorkommt, der kann sich als Analogie die Variabilität der bereits erwähnten Körpergrößen vorstellen. Die meisten Menschen werden sich um die 20 cm um den Mittelwert scharen. Bei Giraffen mit ihrer Höhe von vier bis sechs Metern wäre eine so geringe Variabilität nicht möglich – sie wird eher bei fast einem Meter liegen. Und die liebenswerten, ebenfalls oft aufrecht stehenden Erdmännchen mit ihren 30 cm Körpergröße können auch kaum um 20 cm variieren – bei denen dürften es eher 5 cm sein. Je größer die Durchschnittsgröße, desto größer auch die Variabilität – die Verdoppelung des Mittelwerts lässt auch eine Verdoppelung der Bandbreite erwarten. Relativ zum Mittelwert bleibt dann die Variabilität gleich. Bei Größen, die keine negativen Werte erlauben ist

44

es also üblich, wenn ihre Variabilität mit ihrem typischen, mittleren Wert steigt.

Ein Bericht der US-Regierung (*Fourth National Climate Assessment*) (https://science2017.globalchange.gov/) stellt fest, dass die Niederschlagsmenge im Zeitraum von 1901 bis 2015 im Durchschnitt der USA um 4% angestiegen ist. Die Struktur der Veränderungen wird auf einer Karte (Bild 7.1 im genannten Link) dargestellt. Für das meiste Gebiet von Florida wird eine leichte Abnahme (zwischen 0 % und 5 %), für die Umgebung von Miami eine leichte Zunahme (ebenfalls zwischen 0 % und 5 %) festgestellt. Der Vergleich über diesen längeren Zeitraum zeigt also eine noch geringere Niederschlagssteigerung als die Daten der letzten 70 Jahre. In Kalifornien werden die dort häufigen Waldbrände den Dürreperioden zugeschrieben, die neulich wiederum gerne durch den Klimawandel erklärt werden. Hier ist zwar tatsächlich überwiegend eher eine Niederschlagsabnahme erkennbar, in der heißen Sommerperiode jedoch eine deutliche Zunahme. So kann man von keinem Trend zur sommerlichen Trockenheit sprechen.

2.6   Furchterregendes ist ausgeblieben

Die in diesem Kapitel gezeigten Messdaten betreffen einen Zeitraum, den viele von uns zumindest in großen Teilen erlebt haben. Kurz zusammengefasst sind folgende Entwicklungen sichtbar:

- Die Temperaturen sind um Beträge zwischen 1 und 2°C angestiegen. Der Anstieg scheint tendenziell größer in kalten Gegenden zu sein. Auf der Erdoberfläche ist also ein Trend zur größeren Ausgeglichenheit möglich, obwohl der endgültige Nachweis eine Auswertung von viel größeren Datenmengen erfordern würde.

- Die Neigung der Temperaturen zu Extremen hat sich verringert. Die Maxima wachsen etwas langsamer als die Mittel, obwohl der Wachstumsunterschied gering ist. Deutlich ist jedoch die Abnahme der extrem niedrigen Temperaturen. Die Bandbreite der Temperaturen scheint sich also tendenziell deutlich zu verringern.
- Die Niederschlagsmenge verändert sich minimal, mit einer leichten Neigung zur Steigerung.

Im Laufe dieser Veränderungen können sich aus vielfältigen Ursachen regionale Unterschiede ergeben. So wird gelegentlich befürchtet, dass trotz global steigender Niederschläge gewisse Regionen entgegen diesem Trend austrocknen. Das ist selbstverständlich möglich. Möglicherweise denkt jemand dabei an die größte Wüste der Welt, die Sahara. Wikipedia sagt dazu jedoch unter dem Stichwort „Sahara": „Die Sahara war einer im Jahr 2009 veröffentlichten Studie zufolge in den zurückliegenden 200.000 Jahren dreimal für einige tausend Jahre begrünt: zunächst vor 120.000 bis 110.000 Jahren, dann wieder vor 50.000 bis 45.000 Jahren und zuletzt während der sogenannten „grünen Sahara-Zeit": Als sich gegen Ende der letzten Eiszeit die Tropen erneut um 800 Kilometer nach Norden verschoben, verwandelte sich die Sahara, die zuvor wie heute eine Wüste gewesen war, wieder in eine frucht-bare Savannenlandschaft." Es war also eine globale Erwärmung, die Sahara grün gemacht hat. Ob die jetzige genauso wirksam sein wird, können wir natürlich nicht sagen.

Das der festgestellte Temperaturanstieg für jeden einzelnen kaum spürbar ist, haben wir anhand des Vergleichs der verschiedenen deutschen Städte illustriert. Sie sind auch eine Größenordnung geringer als die Unterschiede zwischen den mitteleuropäischen Jahreszeiten (um die 20°C zwischen Sommer und Winter) oder zwischen der Höchst- und Niedrigst-Temperaturen eines Tages (im Sommer im Mittel ca. 12°C, an manchen Tagen auch deutlich mehr). Ob die steigenden Temperaturen für die Menschheit schädlich oder hilfreich sind, ist ein breites Thema, dem wir ein ganzes Kapitel, das Kapitel 3 widmen.

Der Klimarat (genau: der Zwischenstaatliche Ausschuss für Klimaveränderungen IPCC) erstellt regelmäßig Berichte über den Zustand und die Prognose der Klimaänderungen. Der letzte erschien im Jahre 2014. Die einzelnen beobachteten Veränderungen sind jeweils mit Aussagen über die Sicherheit der Beobachtung versehen. Zu den vielzitierten gehört

- der Anstieg der Temperatur,
- die Häufung von extremen Wetterereignissen sowie
- der Anstieg des Meeresspiegels.

Während die Prognosen zu den zwei letzteren Veränderungen in den meisten Weltregionen mit erheblichen Unsicherheiten belastet sind, gilt die Beobachtung einer steigenden Temperatur als relativ sicher (klassifiziert als „sehr hohe Wahrscheinlichkeit"). Das ist auch angesichts der im Kapitel 2.5 beschriebenen Entwicklung aus den letzten sieben Jahrzehnten plausibel.

Bei der Betrachtung der Größenordnung der Veränderungen einerseits und der Darstellung der Bedrohung stellt sich jedoch unser gesunder Menschenverstand etwas quer. Die größte und sicherste Bedrohung soll von einer Erwärmung kommen. Das Ausmaß dieser Erwärmung soll nicht etwa dutzende von Grad betragen – bereits nach einigen Stunden in der Sauna wären wohl tatsächlich unsere Tage schnell gezählt. Es handelt sich um 1 bis 2°C im Laufe der nächsten Jahrzehnte. Da man die Erhöhung oft im Vergleich zum „vorindustriellen Zeitalter" misst, hat ein großer Teil dieses Anstiegs bereits stattgefunden. Um die Gefährlichkeit dieser Entwicklung zu untermauern, wird über Anzahl der Hitzetage gesprochen. Wie in Kapitel 2.4 ausgeführt, ist das allerdings dasselbe wie eine mäßige Erwär-

mung um die genannte Anzahl der Grad: bei einer gleichmäßigen Temperatursteigerung über das Jahr kann die Anzahl der Tage, an denen eine gewisse Temperatur überschritten wird, nicht anders als ebenfalls steigen.

Es ist jedoch nicht nur das geringe Ausmaß der angenommenen Temperaturveränderung, der an der Angemes-
senheit des Wortes „Bedrohung" zweifeln lässt. Es ist vor
allem die Richtung zu wärmerer Witterung hin. Normaler-
weise bezeichnet man warmes Wetter als „schönes Wetter". Wärme als Bedrohung darzustellen, ist nicht unmittelbar einleuchtend. Sehen wir uns also einige Aspekte der
Witterung entlang der Achse „kalt-warm" an.

3.1   Warm ist schön

Ziehen wir kältere oder wärmere Witterung vor? Das
durch eine Befragung zu beantworten wäre wohl keine besonders objektive Methode – man kann ja dasselbe „schönes Wetter" oder „Hitze" nennen. Daher würde das Ergebnis sehr davon abhängen, wie die Fragen genau formuliert
sind. Zum Glück können wir auf eine zuverlässige „Abstim-
mung mit den Füßen" zurückgreifen. Jedes Jahr dürfen wir
uns die Annehmlichkeit eines Urlaubs gönnen. Für diesen
Urlaub wählen wir einen oder mehrere Orte, an denen wir
uns nach unserer Einschätzung am besten fühlen. Das Wort
„wählen" können wir wörtlich nehmen – gegenüber den
Zwängen im übrigen Jahresverlauf verfügen wir hier über
viele Freiheiten. Natürlich sind diese Freiheiten durch unser Familienbudget begrenzt. Wenn wir den Urlaub nicht
zu Hause auf dem Balkon oder im Schrebergarten verbringen, ist es mit teils erheblichem Aufwand (in Deutschland
insgesamt 74,1 Mrd. Euro in 2017) verbunden. Auch die
Anreise bietet meistens wenig Angenehmes, ob in der
Form von endlosen Staus oder Flughafenwarteschlangen

und -kontrollen. Daher können wir mit ziemlicher Sicherheit behaupten, dass jeder von großer Sehnsucht befallen ist, die Zeit in seinem Urlaubsort zu verbringen. Diese Sehnsucht ist so groß, dass sie sowohl die Kosten als auch das zweifelhafte Anreiseerlebnis aufwiegt.

Wo liegen nun diese Urlaubsorte? Nach der Statistik des Verbands deutscher Reiseveranstalter (DRV www.drv.de) waren es in 2017 diese Länder mit ihren jeweiligen prozentualen Anteilen:

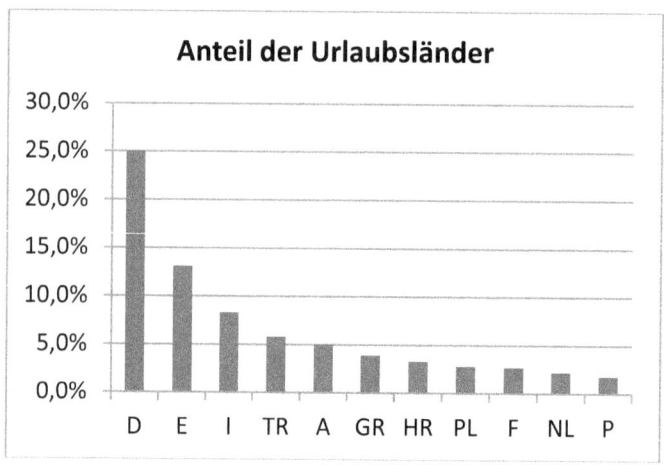

Man könnte nun verschiedene Hypothesen aufstellen, warum die meisten Menschen gerade in diese Länder reisen. Eine attraktive Meeresküste gehört sicherlich dazu. Sie liefert uns aber keine Erklärung. Die Sandstrände Polens und Baltikums stehen denjenigen der Mittelmeerküste in nichts nach. Im Gegenteil, manche der beliebten mediterranen Strände erinnern eher an einen unbefestigten Parkplatz und sind trotzdem gut besucht. Die Küstenlandschaften Sardiniens, Liguriens und Kroatiens sind großartig, finden jedoch Ebenbürtiges in den Schären Südschwedens oder an den Lofoten.

Sollte jemandem die berühmte politische Korrektheit der Schweden die Urlaubsstimmung trüben, kann er problemlos in die lockere Atmosphäre Polens ausweichen und dabei auch noch Geld sparen und Alkoholgetränke frei genießen.

Eine bessere Hypothese liefert vielleicht die mediterrane Küche, deren Liebhaber zahlreicher sind als diejenigen der kargen nordischen Speisen. In den südlichen Urlaubsorten werden jedoch die gleichen Pommes, Schnitzel und Pizzen gegessen wie am Polarkreis. Darüber hinaus pflegen viele Appartement-Urlauber ihr Essen wegen Budgetbeschränkungen selbst zu kochen, unter Verwendung von Dosenfleisch und Suppen aus der Tüte.

So gelangen wir zum Offensichtlichen – dem Klima. In diesem Zusammenhang sehen wir uns also an, welche klimatischen Bedingungen in den erwähnten Ländern herrschen. Da sich die Urlauber durch die einzelnen Urlaubsländer zerstreuen, müsste man hier eigentlich Mitteltemperaturen über diese Orte darstellen, gewichtet mit den jeweiligen Anzahlen der Besucher des Ortes. Da eine solche Statistik unerreichbar ist, ist die zweitbeste Lösung die Auswahl eines halbwegs repräsentativen Urlaubsortes, welcher für das jeweilige Land steht. So können wir

- für Deutschland die mittlere Lage von Frankfurt am Main,
- für Spanien die ungefähr in der Hälfte der Mittelmeerküste liegende Stadt Valencia,
- für das gestreckte Land Italien die Stadt Neapel, die grob auf der geographischen Breite von Sardinien, nördlicher als Sizilien aber südlicher als Rimini liegt,
- usw.

zu Grunde legen.

Der Vergleich der mittleren monatlichen Maximaltemperaturen von Deutschland mit den zwei bei weitem wichtigsten Urlaubsländern (nachzuschlagen z.B. bei https://www.klimatabelle.info/) ist in folgender Graphik dargestellt:

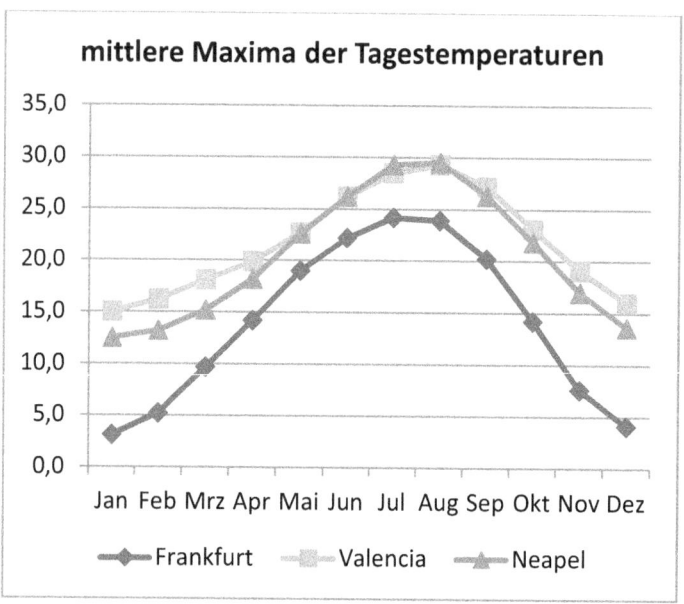

Das keineswegs unerwartete Ergebnis ist, dass beide Urlaubsländer erheblich wärmer sind, als unser Zuhause. Der Unterschied variiert je nach Monat zwischen 3 und mehr als 10°C. Erweitern wir die Betrachtung auf alle Zehn wichtigste ausländische Ziele zusammen mit Deutschland, können wir diese Aussage weiter präzisieren. Der Durchschnitt der Jahrestemperaturen (genau: der durchschnittlichen Tagesmaxima) einzelner Länder einschließlich Deutschland ist 17,8°C. Dieser Durchschnitt ist mit den Besucherzahlen gewichtet, so dass jeder Urlauber einzeln mit einer Stimme zählt. Der gleiche Durchschnitt ohne

Deutschland beträgt 20,5°C. Zu Hause, wo wir unseren Alltag verbringen, herrschen dagegen im Mittel 14,0°C. Im Urlaub ertragen wir also 3,8°C mehr als zu Hause, und das bei voller Freiwilligkeit. Betrachten wir nur die Auslandsurlauber, sind es sogar in Mittel 6,5°C. Und die Einwohner von Chemnitz, wo die mittlere Temperatur um durchschnittlich 2°C niedriger ist als im relativ warmen Frankfurt, kommen hier auf einen geradezu apokalyptischen Temperaturanstieg um die 8,5°C, den diese Urlauber aus freien Stücken über sich ergehen lassen!

Die Eltern unter uns machen Urlaub gezwungenermaßen in den Sommermonaten, in denen die meisten Schulferien sind. Bei alleiniger Betrachtung der Monate Juni bis September liegen die Durchschnitte für alle Urlaubsländer einschließlich Deutschland bei 24,8°C und ohne Deutschland bei 27,2°C. In Deutschland herrschen in dieser Zeit 21,9°C. Die Unterschiede sind hier etwas geringer: 2,9°C unter Einschluss derjenigen in Deutschland bleiben, und 5,3°C für Auslandsurlauber.

Sind die Tagesmaxima vielleicht weniger wichtig, solange wir kühle Nächte genießen können? Die Verläufe der Tages- (d.h. Nachts-) Minima sehen wie unten aus. Hier sind die Unterschiede zwischen Frankfurt einerseits und Valencia oder Neapel andererseits ähnlich groß – in keinem Monat sinken sie unter 5°C. Im gewichteten Mittelwert über alle Urlaubsländer und gesamtes Jahr liegt die Minimal-Tagestemperatur bei 8,8°C, ohne Deutschland als Reiseziel bei 11,0°C, im heimischen Deutschland hingegen bei 5,2°C. Die Differenz beträgt also 3,6°C bei allen Urlaubern, und 5,8°C bei den Auslandsurlaubern. In den Sommermonaten sind die Unterschiede fast identisch: alle Urlaubsländer sind nachts 14,5°, ohne Deutschland, 16,9°C warm, während es in Deutschland mit 10,9°C relativ kalt bleibt.

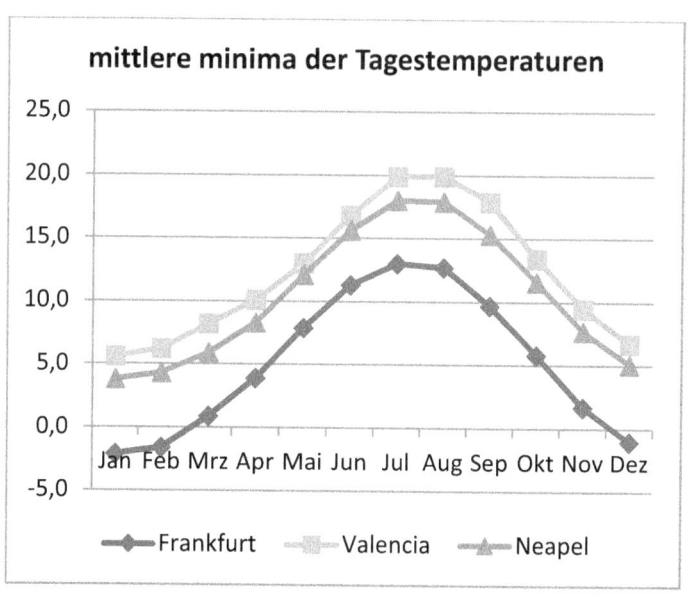

mittlere minima der Tagestemperaturen

Die Ungenauigkeit, die wir bei dieser Berechnung begangen haben, liegt in den übrigen, nicht genannten Urlaubsländern, die immerhin von 26% der Urlauber bereist werden. Dieser Anteil umfasst sowohl die Skandinavien- und Island-Liebhaber als auch diejenigen die die Wärme Ägyptens, Marokkos, Thailands und Balis genießen. Die relativ aufwändige Ermittlung deren Einzelanteile und klimatischer Daten würde jedoch wahrscheinlich am Ergebnis nicht viel ändern.

Und dieses Ergebnis ist genauso eindeutig wie wenig überraschend: wenn wir dazu die Gelegenheit haben, suchen wir warmes Klima, und zwar um deutlich mehr wärmer, als uns das die prognostizierte globale Erwärmung um 1,5°C oder sogar 2°C bringen würde. Die Sehnsucht nach Wärme scheint grenzenlos zu sein. Bereits in den Wintermonaten ist der Süden Spaniens dermaßen gut besucht, dass man auf vielen Campingplätzen keinen Platz findet – die überwiegend älteren Camper aus Deutschland, den

Niederlanden und Großbritannien buchen die Plätze bereits ein Jahr in voraus.

Wir sind mit dieser Neigung nicht allein. Was dem Deutschen Spanien ist, ist einem New-Yorker Florida. Millionen von Amerikanern wählen den Sunshine State Florida als ihren Ruhesitz, weshalb die dortigen üppigen Strände zu keiner Jahreszeit menschenleer sind. Die folgende Graphik zeigt, dass ein New-Yorker nach seinem stressvollen Börsenmakler- oder Pizzabäckerleben im Urlaub noch größere Temperatursteigerungen als sein Frankfurter Gegenstück gerne erträgt.

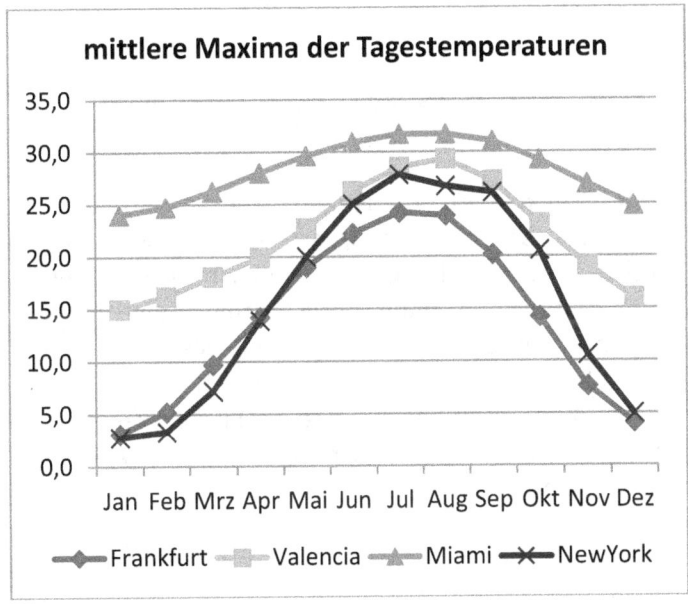

Gleiche Verhältnisse finden wir auch bei den Nachttemperaturen, falls jemand die Vermutung hätte, heiße Tage brauchen unbedingt eine kühle Nacht zum glückseligen Ausgleich.

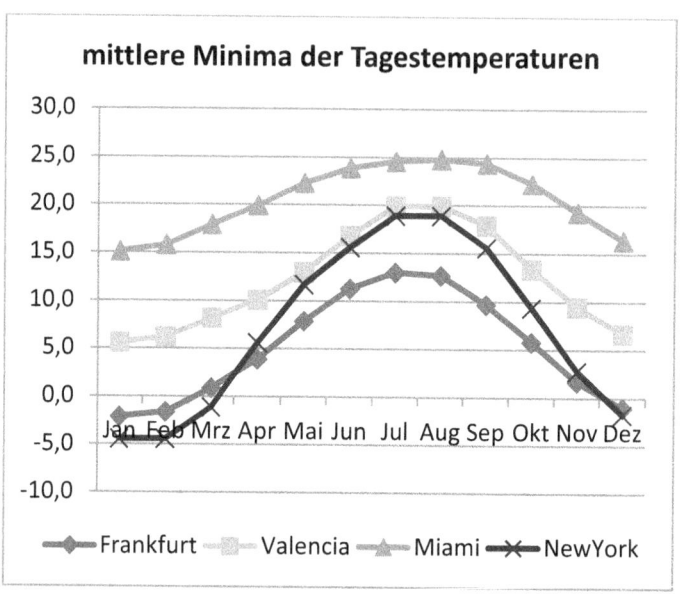

mittlere Minima der Tagestemperaturen

Frankfurt — Valencia — Miami — NewYork

Der Leser mag sich die Frage stellen, warum hier eigentlich diese selbstverständlichen Tatsachen so aufwändig diskutiert werden. Der Grund ist einfach: die Politik und die Presse haben das Kunststück geschafft, eine Erwärmung um 2°C als eine Bedrohung darzustellen. In der Diskussion über die Klimaerwärmung wird über die Binsenweisheit, dass Menschen in unseren Breitengraden die Wärme schön finden, ein großer Bogen gemacht. Aus welchem Grund auch immer.

3.2 Warm ist gesund

Obwohl Menschen offenbar eher Wärme als Kälte aufsuchen, ist damit noch nicht gesagt, ob es ihnen auch objektiv gut tue. Ob Wärme gesund oder ungesund ist, ist nicht einfach festzustellen. Jeder Versuch, diese Frage fundiert zu beantworten, beginnt bei der Definition, welche

Sterbe- oder Krankheitsfälle man als Folge der Temperatur sieht und was man überhaupt als Krankheit ansehen will. Natürlich kann der menschliche Körper sowohl durch die Wärme als auch durch die Kälte vernichtet werden. Wo die biologischen Grenzen liegen, sieht man am deutlichsten beim Eintauchen ins Wasser, wo die Wirkung der Wärme oder Kälte am direktesten zu spüren ist. Ab 15°C abwärts ist der Tod durch das Erfrieren nur eine Frage der Zeit. Man kann die Grenze durch Aktivität, wie intensive Schwimmbewegungen, etwas nach unten drücken, aber lange hält das niemand aus. Eine Wassertemperatur von 37° in der Badewanne ist für manche Menschen an der Grenze zum Frösteln und die meisten haben mit einem Bad von 40°C kein größeres Problem. Bei der in unseren Breitengraden herrschenden Temperaturspanne sind es eher die unteren Temperaturen, die eine unmittelbare Bedrohung darstellen. Kalter oder warmer Luft ausgesetzt zu sein hat einen ähnlichen Effekt, angesichts von geringerer Wärmekapazität der Luft jedoch erst nach längerer Dauer. Deshalb ist es uns problemlos möglich, 20 Minuten in der Sauna bei 80°C durchzuhalten. In einem Dampfbad mit 50°C sind es je nach Vorliebe für feuchte Luft bedeutend mehr. Ähnliche Dauer bei Kälte ohne sportliche Bewegung und wärmende Kleidung schadlos zu überstehen wäre wohl je nach Konstitution irgendwo zwischen 5 und 10°C möglich. In der Temperaturspanne, die auf der Erde im Freien herrscht, sind die unmittelbaren gesundheitlichen Auswirkungen von Kälte und Wärme etwas asymmetrisch: ein älterer Mensch mit schwachem Herz kann in den Tropen ernsthafte Probleme durch die Hitze bekommen, durch die in den polaren Regionen erlebbare Kälte wird jedoch ungeschützt auch ein junger durchtrainierter Ironman-Meister an sein Ende kommen.

Ein solcher Vergleich von augenblicklicher Todeswirkung würde die wahrscheinlich viel häufiger auftretenden langfristigen Gesundheitseinflüsse ignorieren. Sie zu quantifizieren und in geeignete Kennzahlen zu überführen ist jedoch bedeutend schwieriger. Man müsste auch das Alter, die Kondition und den allgemeinen Gesundheitszustand mitberücksichtigen, um beispielsweise auf den Einfluss auf die Lebenserwartung zu schließen.

In einer solchen Situation ist es nicht verwunderlich, dass man versucht, sich das Problem einfacher zu machen – zum Teil zu einfach. Der Bericht des *Joint Research Center* der Europäischen Kommission befasst sich nur mit erwarteten Hitzetoten. Die mögliche Verringerung der Todesfälle durch abnehmende Kälte sowie sämtliche andere Todesursachen werden ausdrücklich ausgeklammert („Einflüsse auf menschliche Gesundheit durch die Kälte oder durch eine Reduktion von extrem kalten Tage wurden in diese Bewertung nicht eingeschlossen" oder in englischer Originalfassung: „Human health impacts of coldrelated and reduced extreme cold days are not included in the assessment."). Es dürfte einleuchtend sein, dass man mit diesem Ansatz zu keiner Klärung des Zusammenhangs zwischen Temperatur und Gesundheit beitragen kann. Bösartigerweise könnte man hier auch einen Zusammenhang mit dem Ort vermuten, wo sich das *Joint Research Center* befindet – Sevilla. Den im heißen Andalusien lebenden erscheint ein Gesundheitsschaden durch die Kälte wahrscheinlich so fern wie die Oberfläche von Mars.

Wir können inmitten dieser komplexen Fachdiskussion nur auf einige offensichtliche Fakten hinweisen. Der Vergleich zwischen verschieden warmen Regionen wäre zwar an sich sinnvoll, leidet aber an zusätzlichem Einfluss von verschiedenen Faktoren, die unter anderem vom Lebensstandard des Landes und dem Zustand des Gesundheitswesens abhängen. So ist im relativ kalten Japan die Lebenserwartung natürlich höher als im warmen Kongo. Wer im letzteren Land nicht das Pech hat, durch eine Kugel zwischen den zahlreichen Kriegsfronten zu sterben, wird sich immerhin kaum einer, oder bestenfalls einer schlechten Gesundheitsfürsorge erfreuen - angefangen bei seiner Geburt und nachfolgender Kindersterblichkeit. So ist es sinnvoll, nur relativ gleichartige Regionen oder Länder zu vergleichen. Die Europäische Union bietet hier ein gutes Feld. Auch hier sind beispielsweise die vormals sozialistischen Länder nicht ganz vergleichbar – die apparative Ausstattung des an sich gut organisierten Gesundheitswesens wurde erst in den letzten Jahren nachgeholt.

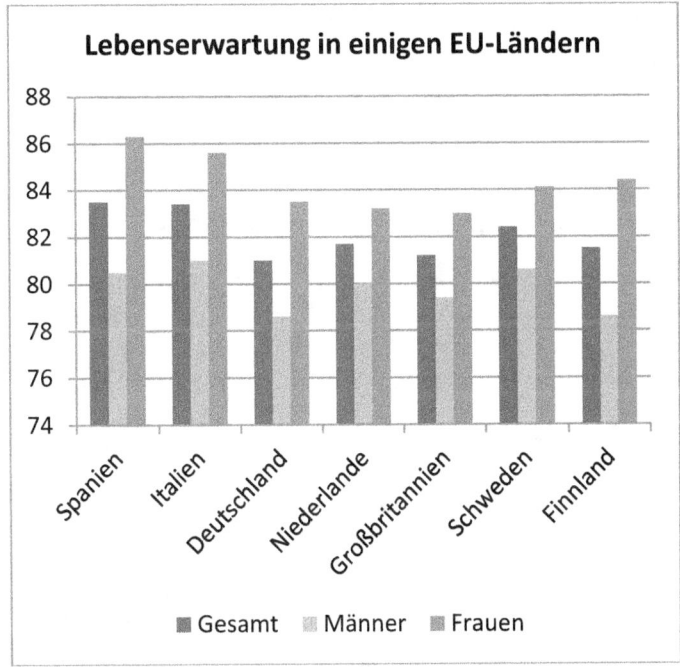

Vergleichen wir also, ohne Anspruch auf Vollständigkeit, einige vergleichbare Länder aus dem europäischen

Süden, der Mitte und dem Norden. Die Lebenserwartungen von Männern, Frauen und der Gesamtbevölkerungen sehen wie oben aus.

Obwohl der Unterschied nicht gewaltig ist, sehen wir eines bestimmt nicht: nämlich, dass die Menschen in den warmen Ländern an den dort herrschenden Temperaturen früher sterben würden. Im Gegenteil – sie sind tendenziell in der Lebenserwartung überlegen. Und das obwohl sie wirtschaftlich den mittel- und nordeuropäischen Ländern eher etwas unterlegen sind. Natürlich können hier auch andere Faktoren als die Temperaturen allein ihre Rolle spielen – beispielsweise die bessere Versorgung mit frischem Gemüse (und die Bereitschaft, sie in der Küche zu verwenden). Aber auch das hat etwas mit dem Klima zu tun: ein sizilianischer Gemüsegarten ist zweifellos ertragreicher als ein lappländischer.

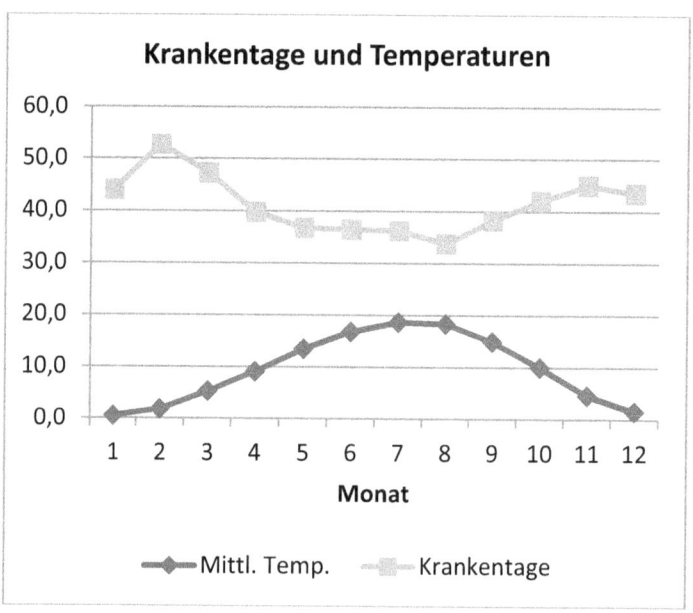

Eine bessere Vergleichsmöglichkeit bietet die Auswertung des Gesundheitszustandes während des Jahres auf dem gleichen Gebiet. Hier ist die Vergleichbarkeit des Gesundheitswesens sicherlich gegeben.

Die Graphik „Krankentage und Temperaturen" stellt die Krankheitstage pro 1000 Arbeitstage (www.iwd.de) den monatlichen mittleren Temperaturen in Frankfurt gegenüber:

Die Gegenbewegung der Krankheitstage gegenüber den Temperaturen ist deutlich erkennbar. Noch eindeutiger wird dieser Zusammenhang sichtbar falls wir dieselben Datenpunkte nach der mittleren Monatstemperatur ordnen (Bild „Krankentage pro 1000 Arbeitstage").

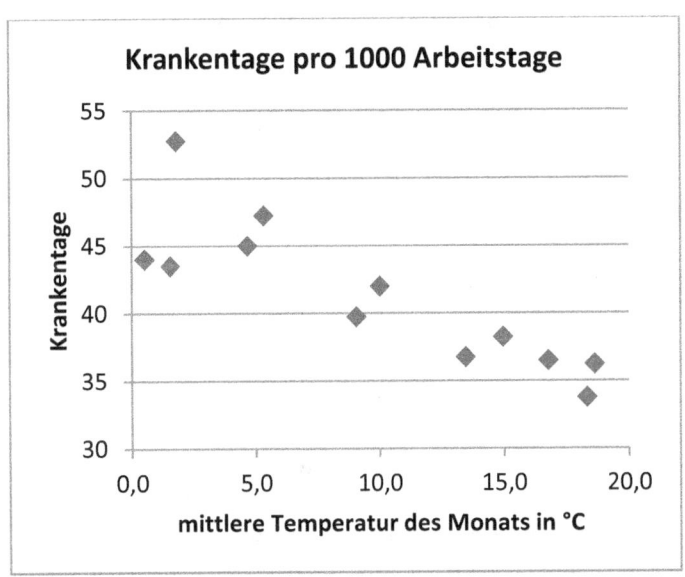

Wir können hier ablesen, dass ein Temperaturunterschied von 10°C zwischen 5 und 10 Krankentagen pro 1000 Arbeitstage einspart. Die genaue Zahl, der sogenannte Regressionskoeffizient, ist hier 7,03 Krankentage. Dabei ist die Stärke dieses Zusammenhangs, d.h. der erklärende Einfluss der Temperatur auf die Krankentage, relativ hoch (für Statistiker: der Korrelationskoeffizient beträgt -0,87).

Bei einer Erwärmung um 2°C wäre also im Durchschnitt ca. 1,4 Krankentage pro 1000 Arbeitstage weniger zu erwarten. Bei einem typischen Vollzeit-Jahrespensum von 220 Arbeitstagen wären das ca. 0,31 Arbeitstage pro Arbeitnehmer und Jahr. In Prozent ausgedrückt würde das der Verringerung des Krankenstands um ca. 3 % bedeuten. Nicht gewaltig, aber der Gesundheitsminister denkt sehr wahrscheinlich über Maßnahmen nach, die einen viel geringeren Effekt haben.

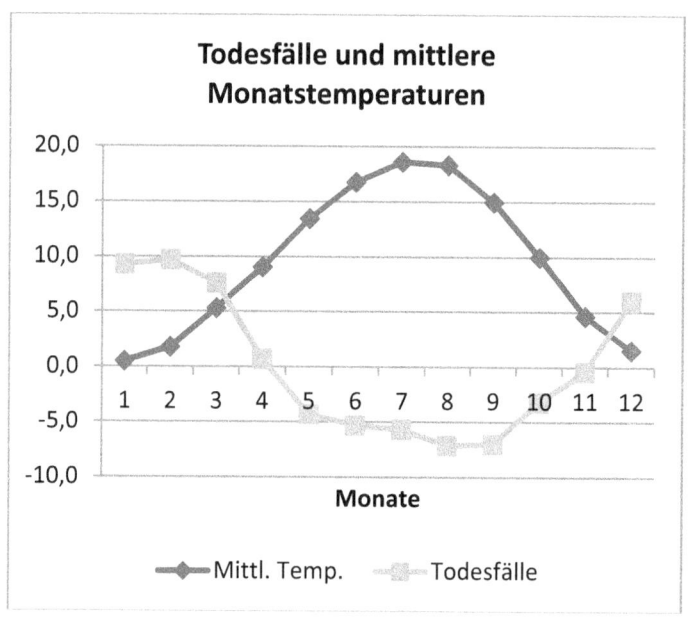

Nicht anders ist es mit Todesfällen. Laut der Statistik von Bestattungsunternehmen (nachzuschlagen in

) weichen die durchschnittlichen monatlichen
Anzahlen der Todesfälle deutlich vom Jahresdurchschnitt
ab. Der Vergleich dieser Abweichung und der monatlichen
mittleren Temperatur sieht wie im Bild „Todesfälle und
mittlere Monatstemperaturen" aus.

Geordnet nach Temperaturen der einzelnen Monate
ist der Trend noch deutlicher sichtbar:

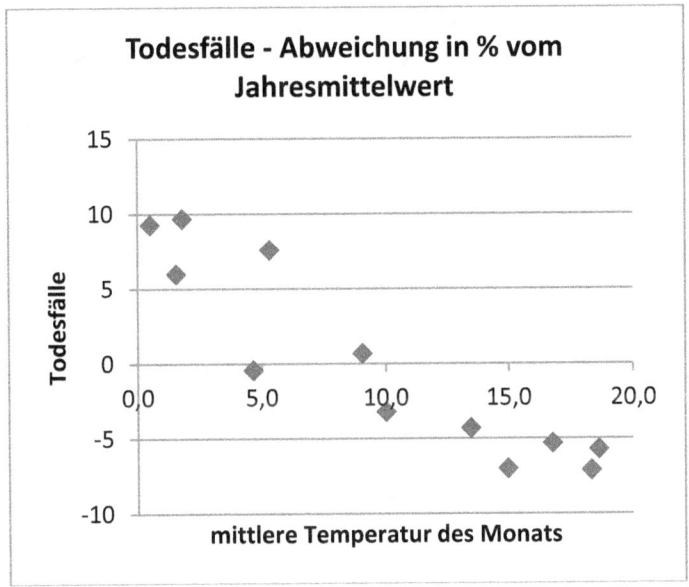

Der Regressionskoeffizient, der den Trend charakteri-
siert, beträgt -0,89. Das bedeutet, dass pro Grad der Temperatur die Sterblichkeit um 0,89 % sinkt. Bei 2°C sind es
also 1,78 %.

Durch die globale Erwärmung werden wir also noch
lange nicht unsterblich, aber 1,78 % sind Größenordnun-

gen, die, falls durch eine neue medizinische Behandlungsmethode erreicht würden, als sehr erfreulich, wenn nicht sensationell, gelten würden.

Selbstverständlich sind nicht alle positiven Einflüsse der Jahreszeiten allein auf die Temperaturen zurückzuführen. Eine höhere Tagesdosis des Lichts mit Spitzenwerten im Sommer werden wir auch mit globaler Erwärmung nicht erreichen. Am früher oft zitierten Vitaminmangel in den Wintermonaten leiden wir aber heute nicht mehr – wir werden über das Jahr durch unsere abwechslungsreiche Kost genauso gleichmäßig mit Vitaminen und Mineralstoffen wie mit Glutamat, Dioxin und Schwermetallen versorgt.

Trotzdem scheinen wir im Sommer gesünder zu leben. *Apotheken Umschau* vom 1.12.2018 zitiert eine britische Studie im *Journal of Hypertension* mit 4600 Erwachsenen: pro Grad Celsius steigt der systolische Blutdruck um ca. 0,5 mmHg. (Bei „mmHg" handelt es sich um die altmodische Druckeinheit, mit der heute immer noch der Blutdruck gemessen wird.) Bei Personen, die wenig Sport treiben, ist der Anstieg noch größer. Das ist bei einem einzelnen Menschen nicht viel. Es dürfte aber eine erhebliche Anzahl von denjenigen geben, die dadurch vom Status des hypertonischen Patienten (definiert durch den systolischen Blutdruck über 140 mmHg) in die Kategorie der Gesunden rutschen und sich das tägliche Schlucken von Tabletten gegen hohen Blutdruck sparen können.

Zum Schlagwort Sport und Bewegung wäre auch einiges anzuführen. Die Anzahl der Radler, Jogger und Wanderer ist im Sommer offensichtlich deutlich höher als im Winter. Dass das Gedränge an den beliebten Radlerstrecken um einiges größer im Juli als im Januar ist, wird wohl kaum jemand auf etwas anderes zurückführen als auf die unterschiedliche Temperatur.

Zu diesen Hypothesen passt gut die größte bisher durchgeführte Studie über den Zusammenhang zwischen Temperatur und Sterblichkeit.

Die *Welt online*, 21.4.2016, zitiert hier Folgendes:

„Eine Studie, die im vergangenen Jahr in der renommierten medizinischen Fachzeitschrift *„The Lancet"* veröffentlicht wurde, hat sehr gründlich die temperaturbezogene Mortalität weltweit untersucht. Die Forscher analysierten die Daten von 74 Millionen Sterbefällen an 384 Orten in 13 Regionen: Länder mit kühlem Klima wie Kanada oder Schweden, Länder mit gemäßigtem Klima wie Spanien, Südkorea und Australien sowie subtropische und tropische Länder wie Brasilien und Thailand.

Die Forscher fanden heraus, dass etwa 0,5 Prozent aller Todesfälle auf Hitze zurückzuführen sind. Dazu zählen nicht nur akut auftretende Probleme wie Hitzschlag, sondern auch Erkrankungen des Herz-Kreislauf-Systems und Dehydrierung. Bei mehr als sieben Prozent der Todesfälle ist jedoch Kälte die Ursache.

Dazu gehört Unterkühlung genauso wie ein höherer Blutdruck und ein steigendes Risiko für Herzinfarkte, die entstehen, wenn der Körper in Reaktion auf niedrige Temperaturen die Blutzirkulation drosselt. In den USA sterben jedes Jahr ungefähr 9000 Menschen aufgrund von Hitze, aber 144.000 aufgrund von Kälte." (Ende des Zitats)

Verweise auf diese interessante Studie sind unter https://www.welt.de/debatte/kommentare/article154608396/Irritierende-Konkurrenz-zwischen-Hitze-und-Kaeltetod.html

und auch auf n-tv.de 21.6. 2015 https://www.n-tv.de/wissen/Kaelte-ist-gefaehrlicher-als-Hitze-article15134461.html

zu finden.

Es ist uns vielleicht nicht jederzeit bewusst, aber kalte Witterung ist zweifellos verbunden mit Geldausgaben, die uns helfen, die Folgen der Kälte zu überwinden.

Als eine davon könnten sicherlich die Ausgaben für Urlaubsreisen in wärmere Reiseländer angeben. Die Gesamtausgaben, unabhängig vom Reiseland betrugen nach der Angabe des Deutschen Reiseverbandes in Deutschland in 1017 ca. 65 Mrd. Euro, was auf ca. €800 pro Kopf hinausläuft. Es ist allerdings fraglich, welche Verschiebungen auf Grund von Klimaerwärmung stattfinden würden – in Deutschland zu bleiben muss nicht unbedingt billiger sein.

Handfest mit der Kälte sind hingegen die Heizkosten verbunden. Sie sind als einer der wichtigsten Preistreiber des Wohnens durchaus berühmt. Und Wohnen gehört zu den Gütern, die wir uns in unseren Breitengraden leisten müssen, ob wir wollen oder nicht. Während also die Ausgaben für ein Autoradio mit Dolby-Sound oder ein schnelles Internet unserer freien Wahl unterliegen, gibt es bei den Heizkosten kein Entrinnen.

Welche Heizkostenverschiebungen wären bei einer Klimaerwärmung um beispielsweise 2°C zu erwarten? Eine genaue Antwort darauf würde sicherlich durch eine endlose Recherche in privaten Daten erfordern, denn die Heizkosten sind im wesentlichen Privatsache. Um sie der jeweiligen augenblicklichen Temperatur zuzuordnen wäre umso schwieriger – da müsse man den Brennstoffzufluss von jedem Heizkessel in Deutschland protokollieren. Uns wird für die grobe Abschätzung ein einfacher physikalischer Ansatz reichen.

Heizen muss man, weil der Wärmeaustausch zwischen der Wohnung und der Außenluft stattfindet. Ist es in der Wohnung wärmer als draußen, fließt die Wärme durch die Wände und offene oder geschlossene Fenster und Türen in die Wohnung hinein. Ist es in der Wohnung kälter, fließt die Wärme nach außen. Um den Wärmeverlust innen auszugleichen, muss geheizt werden, und zwar genauso viel, wie groß der Wärmeverlust ist. Nach einem physikalischen Gesetz ist der Wärmeverlust proportional dem Unterschied zwischen den Temperaturen innen und außen. So ist auch die erforderliche Heizleistung proportional diesem Temperaturunterschied. Soll in der Wohnung die Temperatur von 20°C herrschen, muss daher bei einer Außentemperatur von 10°C doppelt so viel geheizt werden als bei einer Außentemperatur von 15°C, da die Temperaturdifferenz im ersteren Fall 20°C-10°C=10°C beträgt und im letzteren nur 20°C-15°C=5°C. Und doppelt so viel heizen bedeutet schlichtweg doppelt so viel Brennstoff verbrauchen und doppelt so viel dafür zahlen (falls man kein Mengenrabatt bekommt).

Nehmen wir als Beispiel die mittlere Außentemperatur in Frankfurt in den einzelnen Monaten. Neben den eigentlichen Heizkörpern heizen wir auch durch den Kochherd, das Bügeleisen, eventuelle ältere Glühbirnen, die direkte Sonneneinstrahlung und nicht zuletzt durch unsere eigene Körperwärme mit. So erhöhen wir die Innentemperatur noch etwas. Daher legen wir die allein durch die Heizanlage zu erreichende Innentemperatur auf die sparsamen 17°C. Die folgende Graphik zeigt den Verlauf der Innentemperatur, der Außentemperatur sowie die Temperaturdifferenz, die durch die entsprechende Heizleistung kompensiert werden muss. Dort wo die Differenz negativ ist, was in den Sommermonaten Juni, Juli und August der Fall ist, werden wir in der Realität gar nicht heizen, denn negativ heizen können wir nicht. In dieser Jahreszeit wird es wohl auch in der Wohnung etwas wärmer als sonst sein.

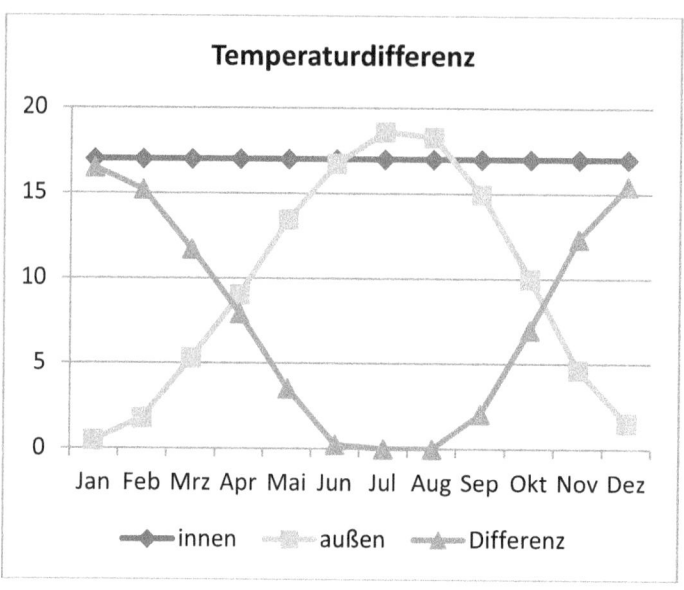

Die Ausgaben für den Brennstoff in den einzelnen Monaten werden proportional den jeweiligen Punkten auf der grünen Differenzkurve. Das wird im Dezember, wo die Differenz 15°C beträgt fast doppelt so viel sein als im April mit einer Differenz von 8°C. Je nach Isolierung der Wände und Form des Hauses wird es pro Grad Temperaturdifferenz ein spezifischer Kostenbetrag sein. In einer konkreten Wohnung könnte es beispielsweise €20,- pro Grad sein. Die Gesamt-Heizkosten pro Jahr ergäben sich dann als Summe aller Monatsdifferenzen, die in diesem Fall 92°C ergibt. Multipliziert mit dem beispielhaften Faktor von €20,- wären das €1840 pro Jahr, was bei vielen mittelgroßen Wohnungen nicht weit von der Realität liegt.

Bei einer gleichmäßigen Klimaerwärmung kämen wir hingegen auf den Temperaturverlauf wie im folgenden Bild.

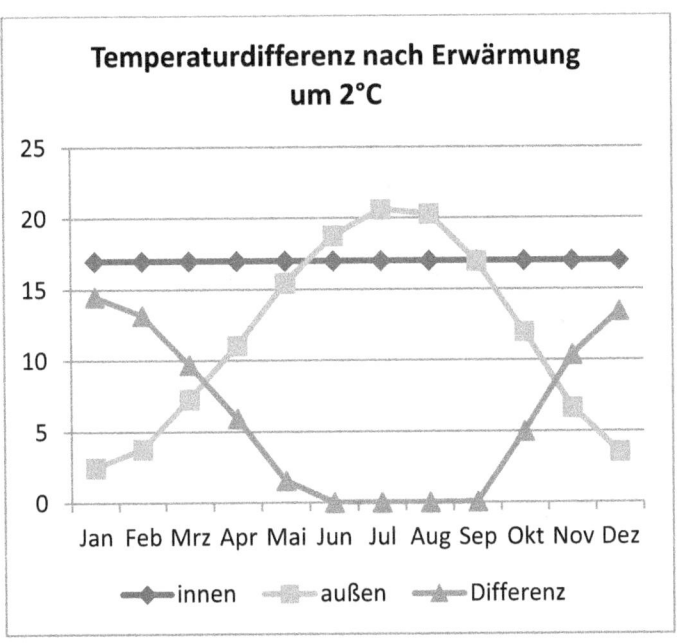

Temperaturdifferenz nach Erwärmung
um 2°C

innen · außen · Differenz

Die Summe von Temperaturdifferenzen beträgt nun 73,75°C. Multipliziert mit dem gleichen Kostenbetrag von €20 pro Grad für unsere beispielhafte Wohnung kämen wir auf die Heizkosten von €1475 pro Jahr. Es ist eine Ersparnis von 19,8%. Die eingesparten 365 Euro im Jahr für die beispielhafte Wohnung machen niemanden zum Millionär, sind aber größer als die meisten großspurig angekündigten Entlastungen und Zuschüsse für Familien, alleinerziehende Eltern, Geringverdiener und andere Bedürftige, zu deren Beschließen man oft Jahre in gut beheizten Räumen der parlamentarischen Ausschüsse braucht.

Natürlich ist hier zu betonen, dass nach den paar Jahrzehnten, nach denen die Erwärmung um 2°C eintreten soll, die Brennstoffpreise ganz anders sind – wahrscheinlich viel größer. Aber diese Preissteigerung gilt gleichermaßen mit oder ohne Klimaänderung – tendenziell kann sie vielleicht bei einer Klimaerwärmung durch die geringer gesteigerte Nachfrage nach Brennstoffen kleiner ausfallen.

Die prozentuelle Heizkostenreduktion aufgrund verschiedener Klimaerwärmungen von 0°C bis 4°C sind in der nachfolgenden Graphik gezeigt.

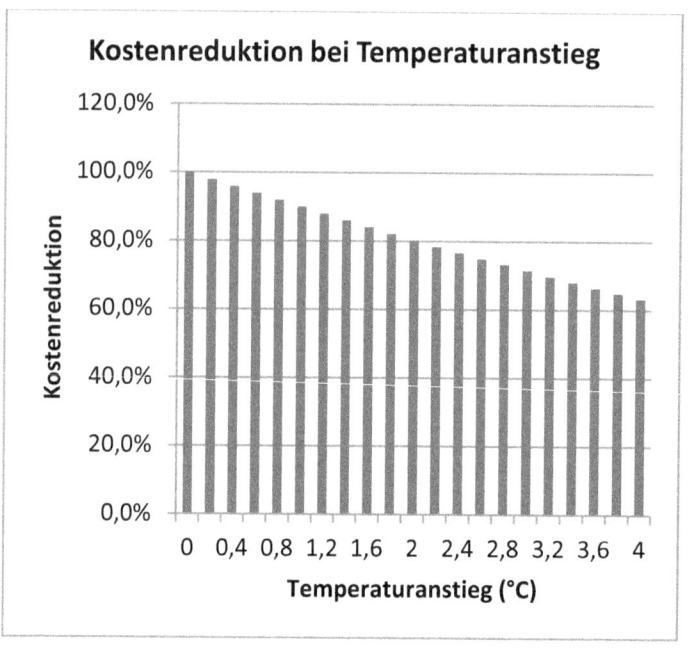

Außer sinkenden Heizkosten würde beiläufig noch eines reduziert, was das Herz jedes Grünen höher schlagen lassen müsste: bei Verwendung fossiler Brennstoffe (die wir heute fast ausschließlich zum Heizen verwenden) würde sich um den gleichen Prozentsatz von 19,8% der CO_2-Ausstoß reduzieren! Zum Vergleich: der Bericht des Joint Research Center der europäischen Kommission rechnet unter Einbeziehung sämtlicher Energiekosten (einschließlich Klimatisierung usw.) im nördlichen Mitteleuropa (Belgien, die Niederlande, Deutschland und Polen)

eine Ersparnis von 11% Energie bei einem Klimaerwärmungs-Szenario um 2°C und 21 % bei 3,6°C. Es wird hier von der schon mal erwähnten Erwärmung im Vergleich zum vorindustriellen Zeitalter gesprochen, in dem der heute bereits eingetretene Temperaturanstieg enthalten ist. Für die gesamte EU sind es 7% bzw. 13%. Irgendwo zwischen diesen allen Zahlen wird wohl die Wahrheit liegen.

4   Der Anstieg des Meeresspiegels

Der Anstieg des Meeresspiegels gehört neben dem Temperaturanstieg zu den meistzitierten Aspekten des Klimawandels. Er ist auch mit relativ hoher Sicherheit von den Messdaten gestützt. Nach http://wiki.bildungsserver.de/klimawandel/index.php/Aktueller_Meeresspiegelanstieg wurde Folgendes gemessen: „Globaler Meeresspiegelanstieg von 1993 bis 2017 nach Satellitendaten zeigt einen Anstieg um ca. 70 mm: Der Trend beträgt 2,9 mm/Jahr". Für den Anstieg gibt es zwei Hauptursachen, die beide mit dem Temperaturanstieg zusammenhängen. Zum einen dehnt sich das Wasser mit steigender Temperatur geringfügig aus. Das macht bei der Dicke der Wasserschicht, die einige Kilometer beträgt, messbare Unterschiede aus. Zum anderen schmelzen in einigen Regionen die Eismassen und fließen ins Meer ab. Am gegenwärtig beobachteten Anstieg des Meeresspiegels ist überwiegend die erstere Ursache beteiligt.

Natürlich ist die Vorstellung, dass die ozeanischen Wassermassen unsere Erde überrollen, sehr bildhaft und als Katastrophenszenario geeignet. Sehen wir uns dazu jedoch die Zahlen an.

Um sich eine erste Vorstellung zu machen, wie groß der Anstieg ist, ist ein Vergleich mit dem Tidenhub geeignet. Der Unterschied zwischen Flut und Ebbe beträgt an der Ostsee um die 30 cm, an der Nordsee hingegen zwei bis drei Meter. In einigen Gegenden der Welt (Bretagne oder der Osten von Kanada) sind es sogar zwölf bis fünfzehn Meter. Der Anstieg findet zweimal täglich innerhalb von ca. sechs Stunden statt und die Menschen an diesen Küsten lassen sich davon die Laune nicht verderben. In diesem Vergleich sieht der prognostizierte Anstieg bis 2100, der vom Welt-Klimarat (IPCC) auf 20 bis 60 Zentimeter geschätzt wird, sehr gemäßigt aus.

Weiter muss man sich die Geschwindigkeit von diesem Prozess vor Augen führen. Die gemessenen 2,9 mm pro Jahr gehören in das Reich der Langsamkeit, welches wir uns gar nicht richtig vorstellen können. Ein anderer Prozess aus dieser Geschwindigkeitskategorie ist die Bewegung von Kontinentalplatten. Die eurasische Platte entfernt sich um 20 mm pro Jahr weg von der nordamerikanischen Platte (SWR2 Wissen, nachzuschlagen unter www.swr.de/swr2/wissen/welt-in-zahlen-plattentekto-nik/-/id=661224/did=17851474/nid=661224/k4ygy9/). Die pazifische Platte rast sogar mit 100 mm pro Jahr gegen Kamtschatka. Den Meeresspiegelanstieg mit der Geschwindigkeit, die durch den Klimawandel verursacht wird, zu fürchten wäre als hätten wir Schwindel durch die Bewegung des Bodens unter unseren Füßen durch die Kontinentaldrift bekommen.

Auch die Hebung der Gebirge durch die Kontinentaldrift hat eine gewisse Geschwindigkeit. An einigen Stellen des Himalaya sind es bis zu 10 mm pro Jahr (Universität Freiburg, Fachbereich Geologie, www.geologie.uni-freiburg.de/root/projekte/bhutan/text/genese.html). Trotzdem haben wir keine Angst, von diesem Prozess in die Höhe geschleudert zu werden.

Eine andere Frage ist, ob es durch den Landflächenverlust auf der Welt im Laufe der Jahre eng werden könnte.

Im 4. IPCC-Bericht (zitiert z.B. in wiki.bildungsserver.de/kli-mawandel/index.php/Aktueller_Meeresspiegelanstieg) geht man im von einer Spanne des Anstiegs zwischen 20 cm und 60 cm bis zum Jahr 2100 aus. Passende Zahlen zum Umfang der Landfläche, die durch diesen Anstieg im Meer verschwinden würden, werden dort nicht genannt. Stattdessen schätzt man Folgendes „Weltweit liegen etwa 2 Millionen km^2 Land weniger als 2 m über der mittleren Hochwasserlinie". Alles was mit Millionen zu tun hat, klingt nach viel. Hier haben wir es aber mit der gesamten Welt zu tun, in der alles eine Millionen-Größenordnung hat. Die Frage ist also, ob hier eine relativ große oder eine relativ kleine Fläche betroffen ist.

Die gesamte Oberfläche der Landmasse aller Kontinente beträgt 149.430.000 km^2 (Wikipedia, Stichwort „Erdoberfläche). Flächen, die als „Ungenutzte, wilde Naturräume" klassifiziert werden, haben die Ausdehnung von 21.761.480 km^2. Der Rest wird benutzt oder ist auf die eine oder andere Weise nutzbar:

- Wohngebiete, Infrastruktur, intensiv genutzte Flächen: 72.084.920 km^2
- Landwirtschaftlich genutzte Fläche: 48.827.330 km^2
- Extensiv od. saisonal genutzter Naturraum: 42.162.880 km^2
- gesamte Waldfläche (genutzt und ungenutzt): 40.204.320 km^2

Die besiedelten, besiedelbaren oder sonst genutzten Flächen machen also zusammen 127.668.520 km^2 aus.

Sollte der Anstieg bis 2100 wider Erwarten ganze 2 m, statt der prognostizierten 20 bis 60 cm betragen, verschwinden dadurch 1,57 % der nutzbaren Landfläche. Nehmen wir eine lineare Verteilung der Landfläche in diesen niedrigen Höhen, wäre das bei einem im IPCC-Bericht als maximal angenommenen Anstieg um 60 cm 0,47% der Landfläche und bei einem als Fortsetzung des heutigen Trends berechneten Anstieg um 20 cm 0,16%.

Die Weltbevölkerung wird jedoch laut *UN Population Database, World Population Prospects* pdwb.de/nd02.htm von 2015 bis 2100 um 39% anwachsen. Dabei wird sogar optimistisch angenommen, dass sich die heutigen Wachstumsraten von ca. 0,70 % pro Jahr nach 2050 deutlich abschwächen.

Falls es in 2100 auf der Welt eng werden sollte, wird es nur zu 1,2% am Meeresspiegelanstieg und zu 98,8% am Bevölkerungswachstum liegen – das maximale Anstiegsszenario angenommen.

Die Bewegung der Wassermassen ins Landesinnere, die mit der genannten Zeitlupen-Geschwindigkeit stattfindet ist das eine, die Vorstellung von davor fliehenden Menschenmassen das andere. Damit wir das als eine ernsthafte Bedrohung sehen können, müssen wir das mit anderen Bewegungen ins Verhältnis setzten, die auf der Welt zum Alltag gehören.

Eine solche alltägliche Bewegung ist die Verstädterung – der Umzug von Menschen von ländlichen Gebieten in die Städte. Laut Wikipedia (Stichwort „Urbanisierung") wächst der Anteil der Stadtbevölkerung im weitweiten Durchschnitt um 4,2 % pro Jahr. Das macht eine Kleinigkeit von weltweit 306 Millionen Menschen pro Jahr. Obwohl es sich um beträchtliche Mengen handelt, hat dieser Wohnortwechsel keine Ausmaße einer Völkerwanderung. Es ist nicht etwa ein kontinuierlicher Marsch, der alles überrollt, was sich ihm in den Weg stellt, sondern Umzüge von einzelnen Familien oder Gruppen unter Verwendung der ihnen zur Verfügung stehenden Verkehrsmittel. Und er geschieht vollkommen freiwillig – kein Staat ist bis jetzt auf die Idee gekommen, seine Bürger mit Gewalt in die auch so schon überfüllten Metropolen zu treiben. Der Trend ist ungebrochen obwohl die Folgen der Verstädterung vor allem in den Entwicklungsländern teilweise abstoßend sind.

Die Anzahl der Menschen, die in Gebieten unter 1 m über dem Meer legen, soll 1995 bei ca. 60 Millionen gelegen haben. In 2015 könnten es schätzungsweise 40 % mehr sein, d.h. ca. 84 Millionen. Sollte nur ein Hundertstel der jährlich in die Städte einwandernden Menschenmenge (d.h. 3 Millionen pro Jahr), diese Gebiete in der Richtung der höher gelegenen verlassen, wären alle betroffenen Küstengebiete in 28 Jahren verlassen. Dabei ist 1 Meter Meeresspiegelanstieg weit jenseits der Prognosen bis 2100. Bei den maximalen 60 cm bzw. den durchschnittlich erwarteten 20 cm hätten für die „Evakuierung" 17 bzw. 6 Jahre gereicht. Wir können also festhalten, dass im Vergleich zum Prozess der natürlichen Verstädterung die notwendige Bewegung zum Verlassen der vom steigenden Meeresspiegel betroffenen Gebiete vernachlässigbar ist.

Wir ziehen aber nicht nur im Rahmen der Verstädterung um. Unsere schnelllebige Zeit zwingt uns auf Arbeitssuche und aus anderen Gründen zu immer häufigeren Umzügen. Da alles statistisch erfasst wird, wird auch die Umzugsquote erfasst. Lt. einer Umzugsstudie https://www.ummelden.de/umzugsstudie-deutschland/ „Die Umzugsquote beträgt 17 % in Deutschland. Das kommt 11,32 Millionen Personen (ab 18 Jahren) gleich, die innerhalb eines Jahres in eine andere Wohnung gezogen sind und in 6,14 Millionen Haushalten leben." Das bedeutet, dass wir im Durchschnitt alle sechs Jahre umziehen. In sechs Jahren beträgt der Meeresspiegelanstieg 17,4 mm. Es gibt also genug Zeit, den nächsten, durch unseren Lebensstil unvermeidlichen Umzug vorsorglich ein paar Hundert Meter weg von der Küste einzuplanen.

Dabei ist ein paar Hundert eine wirklich große Reserve. Wer Interesse hat, kann die potenziell überschwemmten

Gebiete bei verschiedenen Annahmen über den Anstieg des Meeresspiegels auf einer interaktive Karte http://flood.firetree.net/?ll=48.3416,14.6777&z=13 durchspielen. Die Berechnungen in der Karte haben allerdings nur eine Auflösung von ganzen Metern. Der kleinste Meeresspiegel-Anstieg, den man darstellen kann, beträgt 1 m. Für so viel bräuchte der Klimawandel nach den heutigen Annahmen einige Hundert Jahre. Sieht man sich einige konkrete Gebiete an, findet man vor allem solche, wo der Anstieg um 1 m praktisch kein Land verschlingt – bestenfalls wird der Strand etwas schmaler. Das gilt mit sporadischen Ausnahmen für die ganze Mittelmeerküste sowie die portugiesische, französische und britische Atlantikküste. Europaweit am meisten betroffen wäre die Nordsee, wo bereits heute teilweise unterhalb des Meeresspiegels gewohnt wird. Hier könnte in ein paar Hundert Jahren das Meer an einigen Stellen auch mehrere Kilometer weiter reichen. Für die hiesigen Anwohner wäre es also ratsam, den nächsten Umzugsort um mindestens hundert Meter weiter ins Landesinnere anzusetzen.

Außerhalb von Europa sind solche Küstengebiete noch seltener – Europa ist ja das Kontinent mit der niedrigsten mittleren Höhe über dem Meeresspiegel. Sogar dem extrem flachen Florida könnte der Anstieg um einen Meter nichts anhaben. Auf der Copacabana in Rio de Janeiro würden höchstens ein paar Zentimeter Strand überspült werden. Nicht anders in den asiatischen Ländern: ob man die beliebte thailändische Insel Phuket oder Sri Lanka ansieht, die Veränderungen liegen meistens unterhalb der Auflösung der Karte. Erstaunlich gering ist auch der Effekt in der sehr flachen chinesischen Megacity Shanghai.

Natürlich, wer sucht, der findet – in den oft überfluteten Mündungen großer Flüsse wie Ganges oder Mekong wird man bei minutiöser Suche kleinere Gebiete finden, die in zweihundert Jahren etwas anders aussehen. Der Leser kann sich am besten selbst ein Bild von der Lage machen indem er die Gebiete, die ihn interessieren, durchspielt.

Der Anstieg des Meeresspiegels ist also mit hoher Wahrscheinlichkeit eine Tatsache. Seine Auswirkung auf die Menschheit ist jedoch, verglichen mit anderen, genauso nachweisbaren Entwicklungen, geradezu lächerlich klein. Das gilt sowohl für sein Tempo als auch für den Umfang der Veränderungen sowie die Maßnahmen, die zur Anpassung an ihn notwendig sind.

5   Im Würgegriff von Naturkatastrophen?

Bei den Medien erfreuen sich Katastrophen als Nachrichtenobjekt großer Beliebtheit. Das ist auch nicht verwunderlich, denn es ist zweifellos aufregender zu lesen, wie alles zusammenbricht als dass alles wie am Schnürchen läuft. Erfreulicherweise sind einige Katastrophenarten wie beispielsweise die Verkehrskatastrophen relativ selten. Damit Lesenswertes trotzdem erscheint, kommen oft Naturkatastrophen zum Zug.

Durch die intensive Medialisierung wird es für den Beobachter nicht einfach sich eine Meinung zu bilden, ob die Anzahl und Intensität der Naturkatastrophen zu- oder abnimmt. Umso schwieriger ist es bei Naturkatastrophen, die man mit dem medialen Lieblingsthema, dem Klimawandel, in Verbindung setzt.

Im Allgemeinen scheint die Meinung vorzuherrschen, dass die klimabedingten Katastrophen bedrohlich zunehmen. Auf der Webseite der Deutschen Welle (www.dw.com) wurde eine Studie zitiert, die einen erheblichen Anstieg der Schäden feststellt: „Die gemeldeten Schäden durch klimabedingte Naturkatastrophen lagen von 1998 bis 2017 bei 2200 Milliarden Dollar (1900 Milliarden Euro). Das ist zweieinhalbmal so hoch wie in der Periode 1978-1997 (895 Milliarden Dollar)." Je nach Vergleichszeitraum kann man auch zu anderen Ergebnissen kommen. Spiegel Online hat in 2018 „Schäden durch Naturkatastrophen auf 13-Jahres-Tief" gemeldet. Es liegt ja zum Glück in der Natur von Katastrophen, dass sie nicht regelmäßig kommen. Daher sind die statistischen Trends nicht einfach zu ermitteln.

Abgesehen von den statistischen Eigenschaften dieser Ausnahmeereignisse gibt es jedoch ein weiteres Bewertungsproblem: Welche Katastrophe ist klein, welche ist groß und wie entwickelt sich diese Bewertung in der Zeit?

Nehmen wir dazu ein Beispiel. Stürzt eine Lawine in Alaska ins Tal, stellt sie mit hoher Wahrscheinlichkeit keinen Schaden an, da sich im betroffenen Tal niemand aufhält. Eine gleich große Lawine in den Schweizer Alpen trifft ziemlich sicher ein Dorf, eine Seilbahnstation, ein Berghotel oder einen Parkplatz mit ein paar Hundert Fahrzeugen. Der Schaden wächst also proportional der Siedlungsdichte.

Eine Lawine im Allgäu, wo hauptsächlich das gemeine Volk Urlaub macht, wird einen Parkplatz überrollen, auf dem Autos zwischen einem betagten Golf und vielleicht einer neueren C-Klasse parken. Auf einem Parkplatz in Sankt Moritz können es ein Paar Rolls-Royce samt königlichen Bodyguards, wenn nicht einige abflugbereite Hubschrauber sein. Der Schaden wächst hier offensichtlich mit dem Vermögen.

Laut *UN Population Database, World Population Prospects* pdwb.de/nd02.htm wuchs die Weltbevölkerung im Zeitraum der genannten Untersuchung von 4300,4 Millionen in 1978 auf 7435,8 Millionen in 2017. In den Mitten der zwei untersuchten zwanzigjährigen Intervalle waren das 5129,1 Millionen in 1988 (Mitte des Intervalls 1978-1997) und 6739,6 Millionen in 2008 (Mitte des Intervalls 1998 bis 2017). Das ist ein Wachstum um 31,4 %, oder mit einem Wachstumsfaktor von 1,314. Das ist immer noch deutlich weniger als das für den Vergleich beider zwanzigjährigen Perioden ermittelte Verhältnis von 2,458. Allein das Bevölkerungswachstum reicht also für die Erklärung der steigenden Schadenshöhe nicht – die Hypothese einer Häufung von Naturkatastrophen wäre noch möglich.

Die Menschheit ist aber nicht nur zahlreicher, sondern auch reicher geworden. Es reicht noch lange nicht für einen Parkplatz voll von Roll-Royce-Karossen, wie im Sankt-Moritz-Beispiel oben, aber das Vermögen wächst deutlich.

Daten für den genauen genannten Zeitraum zu finden ist so einfach. Daher begnügen wir uns mit einer etwas verschobenen Zeitspanne. An grundsätzlichen Schlussfolgerungen sollte sich nicht viel ändern, da die Wachstumsraten über lange Zeiträume vergleichbar sind. Das weltweite Vermögen ist lt. *Credit Suisse Global Wealth Databook* im Zeitraum ab 2000 wie folgt gewachsen.

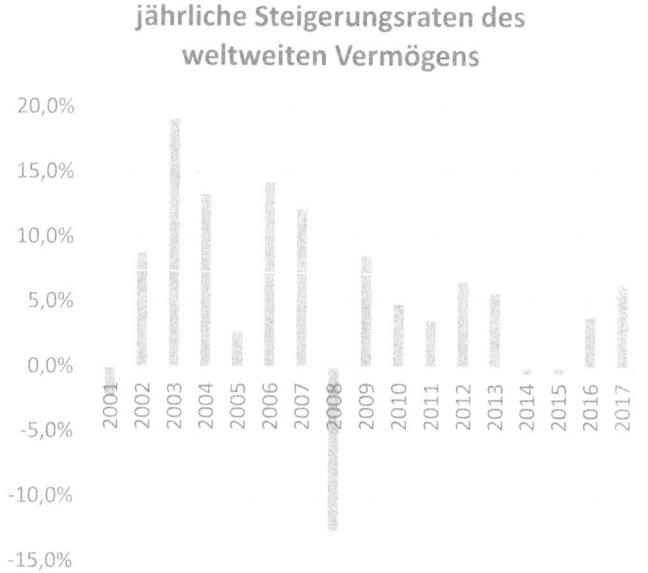

jährliche Steigerungsraten des weltweiten Vermögens

Um eine zwanzigjährige Steigerung zu erhalten, werden für die Jahre 1997-1999 durchschnittliche Steigerungen des gesamten Zeitraums (d.h. 5,5 %) angenommen. Mit Hilfe solcher jährlichen Steigerungen kann man die kumulierten Steigerungen seit dem Ausgangsjahr über den gesamten Zeitraum berechnen.

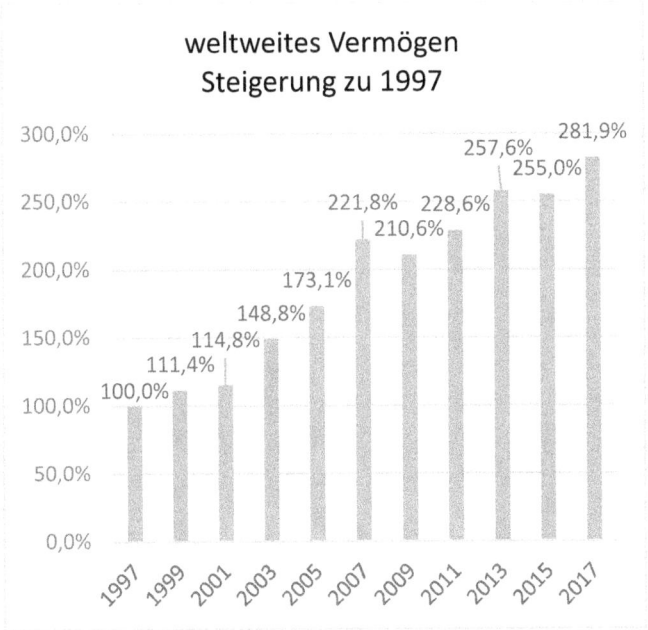

weltweites Vermögen
Steigerung zu 1997

Eine andere Statistik kann man in Wikipedia unter dem Stichwort „Liste der Länder nach Gesamtvermögen" finden. Auch hier ist die Quelle eine Aufstellung von *Credit Suisse*. Es handelt sich um die Entwicklung der jeweiligen Nationalvermögen einzelner Länder über den Zeitraum von 2000 bis 2018 (Bild „Anstieg des Nationalvermögens").

Der leicht abweichende Zeitraum führt dazu, dass der zwanzigjährige Faktor für die gesamte Welt nicht identisch ist – 3,03 anstelle von oben angegebenen 2,819. Wir sehen hier, dass einige Länder wie China und Indien, die gelegentlich durchaus von diversen Naturkatastrophen heimgesucht werden, sogar viel höheres Vermögenswachstum aufweisen als die Welt im Durchschnitt.

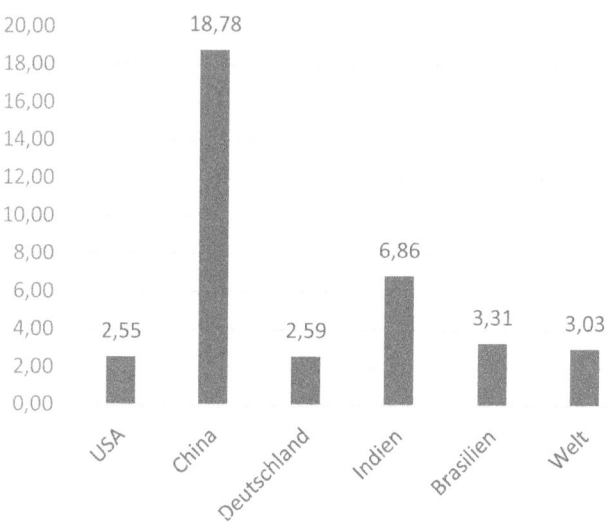

Anstieg des Nationalvermögens

Natürlich kann man über die Definition jeder Zahl lange diskutieren. Es gibt verschiedene Varianten der geldmäßigen Bewertungen des durch eine Naturkatastrophe vernichteten Vermögens. Da es sich hauptsächlich um Bauwerke und bauliche Infrastruktur handelt, bräuchte man für die Bewertung von jedem einzelnen Objekt einen Gutachter. Daher ist die Feststellung des Schadens viel schwieriger als bei 20 kg Mehl aus dem Supermarkt. Trotzdem kann man die Behauptung wagen, dass für eine systematische Erhöhung der Schäden durch klimabedingte Naturkatastrophen über das Maß des steigenden Vermögens keine Indizien sichtbar sind. Es gibt einfach viel mehr teuer Sachen auf der Welt (ob überflüssig oder nicht) und dementsprechend gibt es auch mehr kaputt zu machen.

Und das sind auch die Schlussfolgerungen, die auf der Jahrestagung der *Europäischen Geowissenschaftlichen Union* in 2016 vorgetragen wurden, wie in Deutschlandfunk am 19.4.2016 berichtet wurde (https://www.deutschlandfunk.de/naturkatastrophen-erschreckende-statistik-mit-positivem.676.de.html?dram:article_id=351807):

„Auf der Jahrestagung der Europäischen Geowissenschaftlichen Union wurde gestern eine Statistik zu den Kosten von Naturkatastrophen vorgestellt. Sie umfasst den Zeitraum zwischen 1900 und 2015 – und zeigt, dass trotz aller schrecklichen Nachrichten die Katastrophenprävention greift. Derzeit sterben durchschnittlich 50.000 Menschen pro Jahr direkt durch eine Naturkatastrophe – und damit genauso viele, wie vor 100 Jahren. Allerdings hat sich die Weltbevölkerung in diesem Zeitraum vervielfacht."

„Absolut gesehen haben die wirtschaftlichen Schäden pro Jahr zugenommen. Bezogen auf den jeweiligen Wert von Infrastruktur und Gebäuden in einem Land nehmen die Schäden allerdings ab. Der Grund dafür sind Verbesserungen in den Bauvorschriften, weil beispielsweise neue, nach den Erdbebenstandards errichtete Häuser nicht zusammenbrechen wie alte Ziegelbauten."

Kurz zusammenfasst: der Klimawandel wird uns keine Häufung von Katastrophen bescheren und wir können aus dem gegenwärtigen Panikmodus ruhigen Herzens wieder aussteigen.

Nehmen wir an, die Prognosen über die Klimaentwicklung würden am Ende zutreffen. Wir haben gesehen, was die Veränderungen für uns konkret bedeuten können. Gibt es ein vernünftiges Gesamtmaß aller dieser Veränderungen und deren Bedrohlichkeit?

Eine Möglichkeit ist die Einschätzung der Folgen in Geld. Der Bericht des *Joint Research Center* der Europäischen Kommission macht eine Schätzung der finanziellen Belastungen, die auf die einzelnen Regionen Europas bis 2080 zukommen. Bei den Zahlen dominieren gewaltig die vermuteten Gesundheitsfolgen, bei denen explizit die positiven Effekte der abnehmenden Kälte ausgeklammert wurden. Angesichts der in Kapitel 3.2 zusammengetragenen Daten und Quellen kann man das schwer als eine ernstzunehmende Bewertung bezeichnen. Trotz des Verdachts einer gewissen Einseitigkeit können wir uns aber die Zahlen dieses Berichts ansehen. Denn hier können wir annehmen, schlimmer kann es nicht kommen.

Klammert man die offenbar zweifelhaft bewerteten Gesundheitsfolgen aus, kommt auf Zentraleuropa Nord bei einer Erwärmung um 2°C eine Mehrbelastung von ca. 0,2 % des Bruttoinlandsprodukts. Das wären in Deutschland ca. 6 Milliarden Euro pro Jahr. Diese Summe lässt keinen, der selbst kein Milliardär ist, kalt. Für die Silvesterböller geben wir ja nur schlappe 137 Millionen Euro aus. Vergleicht man es jedoch mit Zuständen, die wir „Krisen" nennen, müssen wir es anders sehen. Die Rettungsaktionen für verschuldete Euro-Länder („Eurokrise") liefen auf mehrere hundert Milliarden Euro, wovon Deutschland keinen unerheblichen Teil zu tragen hatte und hat. Die Kosten der „Flüchtlingskrise" von 2016 werden je nach politischer Ausrichtung zwischen 21 und 55 Milliarden Euro pro Jahr geschätzt. Sollte es also so schlimm kommen, wie dieser Bericht meint, erwartet uns in 60 Jahren nur eine mittelmäßige Mehrbelastung.

Pro Kopf sind es ca. 80 Euro pro Jahr. In Anbetracht der eher zu negativen Folgen geneigten Untersuchungsmethodik klingt das schon gar nicht mehr nach einer Apokalypse, die uns in die Panik versetzen sollte.

Wird über den Klimawandel berichtet, sei es in einer seriösen oder weniger seriösen Zeitung, in einer Fernsehreportage oder in einer politischen Stellungnahme, kommen mit ziemlicher Wahrscheinlichkeit die Worte „die Experten sind sich einig". In der Tat hat man aus Äußerungen, die den Normalbürger erreichen, den Eindruck einer völligen Einstimmigkeit.

Nun sollte man sich vor Augen führen, wie man beispielsweise das Ergebnis von Wahlen in irgendeinem Land der Erde bewerten würde. Ein Politiker, der 51 % der Stimmen erhält, wird wahrscheinlich als sehr beliebt und erfolgreich gefeiert. Es werden ihm positive Eigenschaften zugesprochen (es sei denn man gehört zu seinen politischen Gegnern). Einer, der mit 70 % der Stimmen gewählt wurde, wird hingegen in die heute beliebte Kategorie der Populisten eingeordnet – solche Popularität kann man doch nur mit Hilfe von Lügen, Tricks und leeren Versprechungen erreichen. Und bei 99 % der Stimmen denkt man überhaupt nicht darüber nach, dass es sich um ein Ergebnis freier Wahlen handeln könnte – hier wird nicht einmal geschummelt, sondern das Ergebnis einfach angeordnet.

Man wird nicht lange überlegen müssen, um die Aussagen über die Bedrohlichkeit der Klimaerwärmung in die letzte Stimmanteil-Kategorie einzuordnen. Dass man diese Einstimmigkeit nicht gleich mit einem bösen Diktator assoziiert, liegt wohl an der Vorstellung, dass die Wissenschaft von jeglicher Beeinflussung ferngehalten wird.

Man sollte sich jedoch keine Illusion machen, dass es in der Welt der Wissenschaft anders als bei den Wahlen läuft. An sich sind die Wissenschaftler selbstverständlich intelligente und integre Menschen, die ihr Leben der objektiven Erkenntnis gewidmet haben. Und sie leben naturgemäß von der Verschiedenartigkeit ihrer Ansichten, denn

86

nur so kann man sie als neue Entdeckungen darstellen. Andererseits ist die Zeit vorbei, als ein Wissenschaftler von einem erleuchteten feudalen Mäzen unterstützt und dabei in Ruhe gelassen wurde (falls es eine solche Zeit überhaupt jemals gab). Wird heute in Deutschland eine Professorenstelle ausgeschrieben, werden die Kandidaten formal nach drei Kriterien ausgewählt:

- der pädagogischen Eignung,
- den wissenschaftlichen Leistungen und
- der Aussicht, Fördermittel im ordentlichen Umfang erwerben zu können

Jeder der das selbst versucht hat, weiß, dass diese Dreifaltigkeit eher ironisch gemeint ist – natürlich spielt nur das dritte Kriterium eine nennenswerte Rolle. Man müsste ein Wissenschaftler von Weltruhm sein, um auch ohne das Potenzial zur Geldbeschaffung die Stelle im strengen Wettbewerb zu bekommen. Dann würde er sich wahrscheinlich gleich an der Harvard- oder Princeton-Universität bewerben, die dermaßen im Geld schwimmen, dass sie es sich wieder leisten können, allein auf die wissenschaftliche Arbeit Wert zu legen.

Das Einzige, das die Wissenschaftler bei der ihnen eigenen Verschiedenartigkeit der Forschungsansätze, Methoden und daher auch Ergebnisse eint, ist die Finanzierung. Wir erleben immer wieder Wellen von schwindelerregend vielversprechenden Gebieten wie Künstliche Intelligenz (die erste Welle lag in den achtziger Jahren des 20. Jahrhunderts, bei der nächsten sind wir gerade mitten drin), Biotechnologie und Ähnliches. Bei solchen Wellen sitzen die Mittel der Geldgeber lockerer in der Tasche als sonst.

Während die Geldgeber beispielsweise für Ingenieurswissenschaften oder Pharmaforschung typischerweise bei der Wirtschaft zu suchen sind, wird die Klimaforschung bei einem heutzutage erheblichen politischen Interesse oft von verschiedenen öffentlichen Institutionen wie Ministerien oder diversen EU-Programmen finanziert. Man sollte sich nun keine korrupten oder gewissenslosen Wissenschaftler vorstellen. Sie machen einfach nur ihren Job wie jeder andere. Lautet der Auftrag „Risiken des Klimawandels zusammenzustellen", wird es auch gemacht. Nach „Chancen" hat ja niemand gefragt, wie man dem zitierten, von der UNO beauftragten IPCC-Bericht entnehmen kann.

In Wirklichkeit ist es natürlich nicht so, dass alle Wissenschaftler die gleiche Meinung haben. Sie müssen sie auch nicht haben – nur wird die Forschung in dieser Richtung nicht so üppig finanziert. Und da sich die Medien ihre Meinung bereits gebildet haben und „Klimakatastrophe" sicherlich eine schönere Schlagzeile hergibt als „schönes Wetter", kommen wir zu dem Meinungsbild, das heute weit und breit vorherrscht.

Umso mehr lohnt es sich, sich einige abweichende Meinungen vor Augen führen.

7.1 CO_2 in der Erdgeschichte

Der Mitbegründer von Greenpeace Patrick Moore ist beispielsweise der Meinung, dass der gegenwärtige CO_2-Gehalt der Atmosphäre eher auf einem historischen Tiefpunkt ist: „Seit 90 Millionen Jahren, als der CO_2-Gehalt in der Atmosphäre 4600 ppm betrug (mehr als das 11fache von heute) gab es einen fast kontinuierlichen Abfall des CO_2-Gehaltes auf nur noch 180 ppm vor 18 000 Jahren – dem niedrigsten Niveau in der Geschichte unseres Planeten." Er betont die positive Bedeutung von CO_2-Gehalt in der Atmosphäre: „Dabei muss man wissen, dass CO_2 lebenswichtig für die Pflanzenwelt ist und unter einem Niveau von 150 ppm die Vegetation abzusterben beginnt, und damit auch das übrige Leben. Dieses tödliche Niveau wäre vermutlich bei einer Fortsetzung des Trends in absehbarer Zeit erreicht worden, wenn die Menschheit nicht begonnen hätte, CO_2 durch Verbrennung zu emittieren und so zusätzlich zur Folge der Erwärmung seit der letzten Eiszeit einen (Wieder-)Anstieg auf heute 400 ppm zu ermöglichen. Die hatte deutliche Auswirkungen auf die weltweite Vegetation und Biomasse. Das CO_2 aus der Verbrennung von fossilen Brennstoffen ist das Lebenselixier und die Basis für das Leben auf der Erde."

Gleichzeitig bezweifelt er die kausale Beziehung zwischen der Temperatur und dem CO_2-Gehalt: „Die lange Klimageschichte der Erde zeigt keine wesentliche Korrelation zwischen CO_2 und der Temperatur. Ein Drittel aller anthropogenen CO_2-Emissionen wurden in den letzten 18 Jahren freigesetzt (und das nicht weniger als 500 Milliarden Tonnen!) und es gab keine statistisch bedeutsame Erwärmung."

Einiges davon ist auch unumstritten. Lt. http://wiki.bildungsserver.de/klimawandel/index.php/Kohlendioxid_in_der_Erdgeschichte : „Zwischen 100 und 250 Millionen Jahren vh. (Anmerkung: vor heute) lag der CO_2-Gehalt wieder deutlich über 1000 ppm. Es war die Zeit der Dinosaurier mit um 8 Grad wärmeren Temperaturen als heute."

Sehen wir uns zum besseren Verständnis dieser Aussagen die Entwicklung der Konzentration von Kohlendioxid in der Atmosphäre in der Erdgeschichte. Da die diversen Schätzungen vor allem in den frühen Phasen um ein Vielfaches variieren, handelt es sich nur um ungefähre konservative Zahlen. Die übliche Maßeinheit für die CO_2-Konzentration ist „ppm" (parts per million), die einem Millionstel des Atmosphärenvolumens entspricht. Bei den Ereignissen in der Legende ist in Klammern die Zeit in Millionen von Jahren angegeben.

CO2-Konzentration in der Atmosphäre

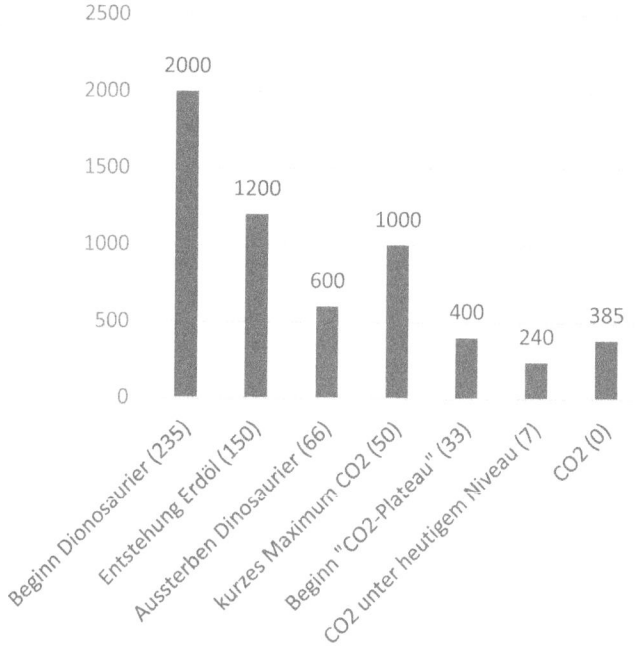

Wichtig ist, dass es zu den Zeiten, zu denen die Dinosaurier entstanden sind, ein Vielfaches an CO_2 in der Atmosphäre vorhanden war als heute. Damals gab es zweifellos üppiges Pflanzenwachstum, so dass aus ihren Resten die meisten fossilen Brennstoffe überhaupt erst entstehen konnten. Wer Vertrauen in die Recherchen von Steven Spielberg hat, kann sich die typische Szenerie als diejenige vom Jurassic Park vorstellen. Ausgestorben sind die Dinosaurier zur Zeit einer relativ niedrigeren CO_2-Konzentration. Es folgte noch ein kürzeres Aufbäumen von CO_2 vor ca. 50 Millionen Jahren mit Werten um 1000 ppm und ein Abstieg auf das Niveau von 400 ppm vor ca. 33 Millionen

Jahren. Ab ca. 7 Millionen Jahren hat sich das typische Niveau noch etwas auf 240 ppm abgesenkt. Der heutige, wieder leicht erhöhte Wert beträgt 385 ppm.

Auf der gleichen Webseite ist auch die Entwicklung in der „flachen" Phase des CO_2-Gehalts dargestellt. Es haben sich mit einer Periodizität von ca. 120000 Jahren die Phasen mit hoher und niedriger CO_2-Konzentration sowie hoher und niedriger Temperatur abgewechselt. Die Schwankungen in CO_2-Gehalt betrugen ca. 100 ppm, diejenigen der Temperatur um die 10°C. Verglichen mit den letzten 10000 Jahren handelte es sich immer um Temperaturschwankungen nach unten, d.h. aus unsere Sicht waren es ungemütliche Eiszeiten.

Übersichtlicher sind die gleichen Daten auch auf https://www.klimafakten.de/behauptungen/behauptung-der-co2-anstieg-ist-nicht-ursache-sondern-folge-des-klimawandels dargestellt, wo die CO_2- und Temperatur-Entwicklung zur Verdeutlichung übereinander gelegt sind. Auch ohne statistische Analyse kann man hier erkennen, dass

- die Phasen hohen CO_2-Gehalts und höherer Temperatur gemeinsam eintreten
- der Temperaturanstieg demjenigen von CO_2 vorausgeht

Da die unumstößlichen Naturgesetze die Ursache stets zeitlich vor die Wirkung legen, kann nur der Temperaturanstieg die Ursache für den CO_2-Anstieg sein und nicht umgekehrt. Möglich ist natürlich auch, dass beide eine gemeinsame, andere Ursache hatten, auf welche CO_2 schneller reagierte als die Temperatur.

Nach Ansicht viele Klimaexperten ist die Reihenfolge und damit auch die Kausalität im heutigen Zeitabschnitt seit der Industrialisierung zum ersten Mal umgekehrt: der Anstieg von CO_2 geht demjenigen von Temperatur voraus.

Es gibt dazu durchaus plausible Argumente und Befunde. Endgültig entscheiden können wird man das wohl erst mit Abstand der Zeit.

7.2 Der Nutzen von CO_2

Ein Bericht der TU Freiberg (https://tu-freiberg.de/sites/default/files/media/institut-fuer-geologie-718/pdf/co2_facts.pdf) würdigt die positive Rolle der Treibhausgase: „Außerdem ist die Wirkung von Kohlenstoffdioxid und anderen Treibhausgasen auf das Klima keineswegs negativ für das Leben auf der Erde. Denn ohne diese Gase lägen die Temperaturen auf der Erde im Mittel nicht bei +15 °C, sondern bei ca. -18 °C. Inwieweit die durch den Menschen seit der industriellen Revolution freigesetzten Mengen an CO_2 das Klima tatsächlich verändert haben, ist angesichts der kurzen Messzeiten von oft nur wenigen Jahrzehnten und aufgrund der komplizierten Prozesse, die das Klima der Erde steuern, nach wie vor mit Unsicherheiten behaftet. "

Die Webseite *Kalte Sonne* (http://www.kalte-sonne.de/greenpeace-mitbegrunder-patrick-moore-sollen-wir-das-co2-feiern/), die den oben genannten Patrick Moore zitiert, sagt zu seinen Ausführungen: „Die Kalte-Sonne-Redaktion sieht sich bekanntlich eher in der Mitte der Klimadebatte angesiedelt und erkennt im CO_2 durchaus ein mildes Treibhausgas, das nicht vollkommen ignoriert werden kann. Insofern ist die Sichtweise von Moore hier recht extrem. Trotzdem erinnert uns der Vortrag an einen wichtigen Umstand, dass ein erhöhter CO_2-Gehalt der Atmosphäre und eine leichte Erwärmung neben Nachteilen auch regional Vorteile mit sich bringt. In der letzten Zeit haben Wissenschaftler immer öfter ihren ganzen Mut zusammengenommen und hierauf hingewiesen".

92

Einige Beispiele hierfür sind interessant. Auf http://www.kaltesonne.de/newsxx1/ zitiert man die Webplattform Agrarheute (3. Oktober 2014, https://www.agrarheute.com/): „Forscher haben im Rahmen einer Studie herausgefunden, dass der Klimawandel die globale Agrarfläche bis zum Jahr 2100 um über 5 Millionen Quadratkilometer vergrößern könnte". Das wäre angesichts der heutigen 49 Millionen Quadratkilometer eine Steigerung von mehr als 10 %.

Darüber hinaus weist man im gleichen Link von *Kalte Sonne* auf etwas fragwürdiges Gebaren des Klimarats IPCC gegenüber Forschungsergebnissen, die positive Effekte des Klimawandels zeigen.

Insbesondere die positiven Effekte auf das Pflanzenwachstum halten viele Forscher für nachgewiesen. Eine Studie der TU München (Pressemitteilung vom 16. September 2014, http://www.kaltesonne.de/neue-studie-der-tu-munchen-klimawandel-lasst-baume-immer-schneller-wachsen/) besagt: „Die Bäume wachsen zwar nicht in den Himmel, aber seit den 1960er-Jahren deutlich schneller. Dem Wald sieht man diese Veränderung nicht an: Die typischen Entwicklungsphasen von Bäumen und ganzen Beständen haben sich kaum verändert, laufen aber beschleunigt ab – um bis zu 70 Prozent. Dies zeigt eine Studie von Wissenschaftlern der Technischen Universität München (TUM). Sie basiert auf Langzeit-Daten von Versuchsflächen, die seit 1870 kontinuierlich beobachtet werden. Die Arbeit ist kürzlich in Nature Communications erschienen."

Auch die Studie des *Joint Research Center* der Europäischen Kommission prognostiziert in einigen Europäischen Regionen zum Teil deutliche Zuwächse der Ernte unter der Annahme einer Erwärmung um 2°C:

- nördliches Mitteleuropa (Belgien, die Niederlande, Deutschland und Polen): -2%
- südliches Mitteleuropa (Frankreich, Österreich, Tschechische Republik, Slowakei und Ungarn): +3%
- UK und Irland: +101%
- Nordeuropa: +32%
- Südeuropa: -18%

Für die Gesamt-EU kommt durch das heute große Gewicht von Südeuropa in der Agrarproduktion ein Minus von 2 %. Natürlich könnte sich aber dieses Gewicht gerade durch die günstiger gewordenen Agrarbedingungen im Norden verschieben und dann zum anderen Gesamtergebnis führen. Ein günstiger Nebeneffekt wäre eine bessere regionale Versorgung mit weniger Langstrecken-Lieferverkehr.

8 Prognosen, aber bloß nicht in die Zukunft!

Das Bestreben, in die Zukunft blicken zu können, scheint die Menschheit seit langem zu begleiten. Belegt ist beispielsweise das Orakel von Delphi, welches durch Einatmen von wahrscheinlich gesundheitlich nicht ganz unbedenklichen Gasen aus einer Felsspalte in einen Zustand geriet, in dem Prophezeiungen entstanden. Da die Ausdrucksweise des Orakels in diesem Zustand angeblich völlig unverständlich war, gab es einen ergänzenden Beruf eines Prophezeiung-Auslegers (verkörpert durch örtliche Priester). Diese Ausleger erklärten dem Antragsteller gegen Gebühr den allgemein verständlichen Wortlaut der Prognose. Trotz der großen Autorität (wahrscheinlich verbunden mit entsprechender Gebührenhöhe) dieses Orakels ist die Trefferquote dieser Prognosemethode nicht belegt. Bis heute erhalten hat sich jedoch die Zweistufigkeit: einer macht die Prognose und ein anderer erklärt sie dem Publikum.

In den der Antike nachfolgenden Zeiten ist die Neigung, rationelle Methoden für alles Mögliche und daher auch für Prognosen zu benutzen, noch deutlich zurückgegangen. Wahrscheinlich nicht jedoch die Lust, in die Zukunft zu blicken. Utensilien wie die relativ aufwändige Kristallkugel, die billigeren Karten oder der Kaffeesatz (dessen Preis zu den Zeiten in denen Kaffee der Oberschicht vorbehalten war, nicht unterschätzt werden sollte) sind bis heute unvergessen.

Da die Prognosen im Themenbereich des Klimawandels eine Schlüsselrolle spielen, sehen wir uns in diesem Kapitel einige Aspekte der wissenschaftlichen Prognostik an, die für die Wahrnehmung des Ernstes der Lage von Bedeutung sind.

Obwohl Prognosen heute vielfach einen mathematischen Charakter haben, ist vieles auch ohne mathematische Kenntnisse (und auch ohne Vorliebe für Mathematik) gut verständlich.

8.1 Ohne Daten keine Prognose

Mit dem Zeitalter der Aufklärung trat das bis dahin seit der Antike etwas in Vergessenheit geratene Bestreben vernünftig zu Handeln wieder in den Vordergrund. Einen richtigen Aufschwung erlebte die wissenschaftliche Prognostik jedoch erst mit dem Siegeszug der maschinellen Datenverarbeitung. Der Grund dafür war, dass die meisten fundierten Prognosen auf aufgezeichneten Daten aus der Gegenwart und Vergangenheit basieren. Und eine Prognose wird grundsätzlich sicherer, wenn sie sich auf einer größeren Datenmenge stützt.

Warum brauchen wir in aller Regel Daten für die Prognose? Das liegt an der unvollständigen Kenntnis der Gesetze, die die künftigen Entwicklungen beeinflussen. Zu jeder Prognose gehört eine gewisse Vorschrift (die man auch Funktion oder Transformation nennen kann), wie man aus der Charakteristika der Vergangenheit und der Gegenwart die Zukunft bestimmen kann. Ausnahmsweise gibt es Vorgänge, die mit fast keiner Unsicherheit belastet sind. Haben wir auf einem Sparbuch 1000 Euro und ist der mit der Bank vereinbarte Zinssatz 2 % pro Jahr, können wir mit hoher Sicherheit davon ausgehen, dass nach Ablauf eines Jahres auf dem Sparbuch 1020 Euro deponiert sind. Hier brauchen wir also keine Erfahrungsdaten dazu, eine gute Prognose zu erstellen.

Eine solche Sicherheit ist aber nicht typisch. Stellen wir uns die Fragestellung, die bei jeder Urlaubsfahrt auftritt: wie weit kommen wir noch mit der Treibstoffmenge, die sich gerade in dem Tank befindet? Es lohnt sich, diese

Frage fundiert zu beantworten – verschätzen wir uns erheblich nach oben, winkt uns eine unangenehme Situation am Straßenrand wie ein Häufchen Unglück auf Hilfe zu warten. Und obendrauf noch eine Menge witziger Bemerkungen auf unsere Kosten seitens der Familie, der Bekannten und Arbeitskollegen.

Die Antwort auf die Frage nach der erreichbaren Strecke ist eine Prognose. Als aufgeklärte Person ziehen wir hierzu nicht die Kristallkugel aus der Tasche, sondern verwenden (meistens ohne es so zu nennen) ein Prognosemodell. Es ist sogar ein mathematisches Modell. Ohne in diesem Buch in die Welt der mathematischen Formeln eintauchen zu wollen, können wir hier eine Ausnahme machen. Wir berechnen die Strecke als

$$Strecke = \frac{Tankinhalt}{Durchschnittsverbrauch} \times 100$$

Für eine erfolgreiche Berechnung brauchen wir also zwei Angaben: den Tankinhalt und den Durchschnittsverbrauch pro 100 km. Ersteres ist (oder sollte sein) in der Bedienungsanleitung des Fahrzeugs zu finden. Es ist eine Größe, die sich bei einem Fahrzeug nicht willkürlich ändern wird. Anders ist es beim Durchschnittsverbrauch. Der Fahrzeughersteller liefert dazu eine Angabe, die nach einem vorgeschriebenen Messverfahren ermittelt wurde. Wir wissen inzwischen, was von solchen Angaben zu halten ist. Daher macht mancher Fahrzeughalter eine eigene Statistik in der Form von Aufzeichnungen, wie viel wann bei welchem Kilometerstand getankt wurde. Hat man das Auto erst kürzlich erworben, steht vielleicht nur ein Eintrag zur Verfügung. Der ist besser als nichts, aber nicht besonders zuverlässig – es kann zufällig eine atypische Strecke gewesen sein. Erst im Laufe der Zeit mehren sich die Einträge und der ermittelte Durchschnitt wird aussagekräftiger. Genau das ist das Wesen der statistischen Modelle. Deren Prognosekraft verbessert sich mit der Menge der berücksichtigten Daten. Der Grund dafür ist, dass sich die zufälligen Schwankungen (hier des Verbrauchs abhängig von der Streckenart) gegenseitig aufheben. Bei vielen Fahrten wird einfach viel wahrscheinlicher, dass alle Streckentypen in einer ausgewogenen Mischung berücksichtigt wurden.

8.2 Prognose von etwas ganz Neuem

Um die statistischen Prognosen herum wurde eine umfangreiche Theorie aufgebaut, die es den Fachleuten erlaubt, die Prognosegüte, d.h. vor allem den möglichen Prognosefehler, abzuschätzen. Die meisten solcher Aussagen stützen sich auf die Annahme, dass die Prognose in der gleichen Grundsituation getätigt wird, aus der auch die zur Erstellung des Prognosemodells verwendeten Daten stammen. In der Fachsprache wird das „die gleiche Grundgesamtheit" genannt.

Nehmen wir an, unser beispielhafter Testfahrer würde aus der flachen Umgebung von Hamburg in den Schwarzwald umziehen. Es ist offensichtlich, dass der Durchschnittsverbrauch, ermittelt aus seinem norddeutschen Fahrtenbuch, nicht mehr verwendbar ist. Bei jeder Fahrt im bergigen Gelände wird der Verbrauch wesentlich höher werden. Es ist auch durch keine statistische Methode einschätzbar, wie weit man daneben liegt, solange keine eigene Statistik für die Bergregion verfügbar ist. Man könnte sich selbstverständlich irgendwelche Gedanken über die durchschnittliche Steigung und das nachfolgende Gefälle, über die mittlere Entfernung der Kurven voneinander und die dazwischen erreichte Durchschnittsgeschwindigkeit, über die jeweils geschalteten Gänge und die Häufigkeit der

Bremsvorgänge machen. Man würde dann mit einem riesigen Aufwand eine gewisse, wahrscheinlich jedoch trotzdem wenig brauchbare Prognose erstellen können. Und vor allem könnte man ohne Überprüfung durch Messdaten nichts über die vermeintliche Güte dieser Prognose wissen.

Während man für die Schwarzwaldregion durchaus eine neue Statistik erfassen könnte, wie wäre es mit dem Autobetrieb in der Wüste Gobi? Niemand hat sich jemals über den Durchschnittsverbrauch dort Gedanken gemacht und niemand kann die vermeintlichen Unterschiede zum mitteleuropäischen Fahrbetrieb ausreichend genau charakterisieren. Sollten die wenigen dort ansässigen Mongolen in ihren Jurten mal darüber kurz nachgedacht haben, sind deren Notizen bestimmt schwer zugänglich.

Und damit wären wir bei einer Schwierigkeit, der jede Prognose des Weltklimas in den nächsten Jahrzehnten und Jahrhunderten begegnet. Es gibt eine große Menge von gemessenen Wetterdaten aus den letzten Jahrzehnten. In der entfernteren Vergangenheit nimmt diese Datenmenge langsam aber deutlich ab. Aus den verfügbaren Daten kann man einigermaßen zuverlässig den heutigen Zustand des Weltklimas beschreiben. Man nimmt jedoch an, dass die menschlichen Eingriffe eine qualitativ neue Situation erzeugt haben und dass sich diese neue Qualität in der Zukunft in bestimmten Richtungen weiterentwickelt. Das wäre aber offensichtlich genau eine Veränderung der Grundsituation – im statistischen Sinne die Veränderung der Grundgesamtheit. Und auf die kann man die Modelle aus der Vergangenheit nicht übertragen. Man kann nur, analog zum Autobeispiel, Überlegungen anstellen, was plausibel wäre. Statistisch überprüfen kann man sie jedoch nicht – die Zukunft hat ja noch nicht stattgefunden.

Es ist natürlich nichts gegen den Versuch einzuwenden, sich plausible Gedanken über die naturwissenschaftlichen Zusammenhänge zu machen und sie in die Zukunft auch zu projizieren. Um sich die Vorstellung über den Genauig-keitsanspruch der Modelle schlechthin zu machen, muss man sich die Komplexität des Problems vor Augen führen. Jeder Entwicklungsingenieur weiß, wie schwierig es ist, das Verhalten von einem noch so banalen mechanischen System exakt zu beschreiben. Beispielsweise ein System aus einem Servomotor, drei bis vier Zahnrädern und einer Zahnstange (bekannt als elektrische Servolenkung) leistet einen zähen Widerstand, falls man seinen Zustand in den nächsten paar Sekunden prognostizieren will. Es kann leise vor sich hindrehen, oder in furchterregende Schwingungen geraten. Es kann rätselhafterweise klappern, falls die Tem-peratur etwas niedriger ist als sonst. Die Kraft zu seinem Durchdrehen kann temperaturabhängig locker auf das Zehnfache steigen. Und das alles obwohl die mechanischen und elektronischen Teile mit sorgfältig vorgegebenen Ma-ßen und Toleranzen konstruiert und gefertigt werden. Wie soll man in diesem Vergleich die Vorhersagbarkeit des Sys-tems „Weltklima" über Jahrzehnte hinweg einordnen?

8.3   Die klägliche Bilanz der Prognosen

Zum Thema der Prognostizierbarkeit der Zukunft kann man weitere Beispiele anführen. Die Prognosen der Wirt-schaftsentwicklung dürfte jeder schon mal in den Medien beobachtet haben, genauso wie deren regelmäßig stattfin-dende wesentliche Revisionen. Dabei beschränkt man sich auf Horizonte von wenigen Monaten.

Eine besondere Stellung nehmen hier die Prognosen der Kurse von Aktien und anderen an den Börsen dieser Welt gehandelten Wertpapieren. Über die mangelnde fi-nanzielle Unterstützung kann sowohl die Forschung als auch der Handel selbst auf diesem Gebiet nicht klagen. Die Zeitspannen, in denen ein Kauf oder Verkauf abgewickelt wird, werden auf Sekundenbruchteile verkürzt. Das führt dazu, dass es sich pro Zeiteinheit um gigantische Umsätze handelt. Sollte es gelingen, jede Sekunde das Vermögen durch geeignete Transaktionen nur um ein Tausendstel Prozent zu vermehren, macht es pro Stunde bereits 3,6 % aus – viel mehr als worauf der heutige Niedrigzins-Anleger im Jahr hoffen kann. Deshalb ist die Vielfalt der Prognosemethoden entsprechend groß. Es gibt hier sogenannte Fundamentalanalysen, die die Fakten über Unternehmen, deren Gewinnspannen und Kapitalausstattung sammeln. Eine gewichtige Schule ist die „Chart-Analyse" (trotz ihres eher mystischen Ansatzes auch „technische Analyse" genannt), die meint, in den Zins- und Kurs-Kurven geheimnisvolle Muster wie die „Kopf- und Schulterformation" zu erkennen und daraus entsprechende Empfehlungen herzuleiten.

Es gibt auch fundierte, datenbasierte Methoden. Sie umfassen die gesamte Artillerie der mathematischen Statistik sowie Analysen mit den Mitteln der künstlichen neuronalen Netze.

Obwohl im Alltag den ganz Großen die eine oder andere Milliarde ins Netz geht, kann man die Prognosen selten als durchgehend erfolgreich bezeichnen. Als Vergleichsmaßstab, der von jeder vernünftigen Methode übertroffen werden sollte (aber bei weitem nicht immer übertroffen wird), gilt immer noch die sogenannte „naive Prognose". Sie besteht in der Annahme, dass alles so bleibt wie es ist: nach einem steigenden Kurs folgt ein weiter steigender Kurs usw.. Das klingt zu vereinfacht, und ist es auch, denn gerade interessante Trendwenden kann man damit niemals vorhersagen. Diese Vergleichsmethode kann man also kaum als methodische Glanzleistung bezeichnen, denn diese Vorgehensweise kann sowohl eine wenig in der Prognostik geübte Oma als auch eine einfache Smartphone-App realisieren. Gerade deshalb wird sie als das Mindestmaß an prognostischer Leistung verwendet, unterhalb von welchem man eine Methode „in die Tonne treten" kann. Trotzdem ist es nicht einfach, diesen Trivialansatz zu übertreffen, und manche von täglich verwendeten Methoden tun es nur geringfügig.

Ebenso hat sich gezeigt, dass die hochgerüsteten Fondsmanager es in erstaunlich vielen Fällen (manchen Untersuchungen nach sogar bis 50 %) nicht schaffen, das aufwendig gepflegte Aktienportfolio ertragreicher zusammenzustellen, als beispielsweise der Deutsche Aktienindex (DAX), dessen Daten man im Wirtschaftsteil jeder Zeitung nachschlagen und entsprechend seine Anlagen laienhaft selbst tätigen kann.

Ein eigenes Kapitel sind die Prognosen des technologischen und gesellschaftlichen Wandels. In den sechziger Jahren nahm man noch an, die Nuklear-Antriebe werden innerhalb von einigen Jahrzehnten in Pkw und sogar Motorräder eingebaut und damit das Treibstoffproblem für immer gelöst. Überschall-Verkehrsflugzeuge sollten in Kürze den Verkehr vollständig beherrschen. Im etwas längeren Zeithorizont sollte der Düsenantrieb dem Ionenstrom- oder Plasma-Motor weichen.

Wie wir heute, nachdem deren Prognose-Horizont schon lange abgelaufen ist, wissen, ist der Nuklearantrieb völlig aus der Mode gekommen und die Atomkraftwerke werden wegen damals nicht beachteter Entsorgungsprobleme stillgelegt. Die paar Überschallflugzeuge der Marke Concorde wurden ausgemustert. Zahlungskräftigen Erste-Klasse-Passagieren bietet man lieber einen Schlafplatz im Flugzeug als eine kürzere Flugdauer an. Und die durchschnittliche Reisegeschwindigkeit der Verkehrsflugzeuge hat im Laufe der Jahrzehnte eher abgenommen, geschweige von den dramatisch angestiegenen Zeitverlusten bei der Abfertigung.

In der Nachkriegszeit entwickelte der berühmte Ökonom Jean Fourastié die Vision der kommenden Dienstleistungsgesellschaft. Sie sollte das Ergebnis einer enorm steigenden Produktivität in der Güterfertigung durch beinahe vollständige Automatisierung werden, die kaum noch Arbeitskräfte brauchen wird. Die freigewordenen Menschen sollten ihren Lebensunterhalt in hochqualifizierten Dienstleistungen wie Medizin und Wissenschaft finden. Nun ist die Dienstleistungsgesellschaft tatsächlich gekommen, nur etwas anders. Die neu hinzugekommenen Dienstleistungsstellen sind im Durchschnitt nicht besonders hochqualifiziert – an der McDonnalds-Theke braucht man keine Promotion. Anstelle der enormen Automatisierung kamen enorme Importe aus Billiglohnländern, wo in anstrengender Handarbeit gefertigt wird.

Die Prognosen von Umwelt-Folgen machen hier keine Ausnahme. Viele erinnern sich noch auf den beflügelten Begriff „Waldsterben", mit dem die düstersten Prognosen verbunden waren. Spiegel-Online (http://www.spiegel.de/wissenschaft/natur/umweltschutz-was-wurde-aus-dem-waldsterben-a-1009580.html) schrieb am 3. Januar 2015: „1981 schien das Schicksal des deutschen Waldes besiegelt. Die Angst vor dem Tod der Bäume trieb Zehntausende auf die Straße - und ebnete den Grünen den Weg in die Parlamente. Doch das Waldsterben fiel aus."

Natürlich kann man argumentieren, dass die in der Zwischenzeit getroffenen Maßnahmen das Schlimmste verhindert haben. Aber es weist auch nichts darauf hin, dass der prognostizierte beinahe vollständige Tod des Waldes hätte passieren können. Dazu weiter aus Spiegel-Online: „1996 stellt der damalige Vorsitzende des wissenschaftlichen Beirats des Europäischen Forstinstituts, der Freiburger Professor Heinrich Spiecker, eine Studie vor, die zeigt, dass sich das Wachstum der Wälder in Europa überall beschleunigt hat." Seine Aussagen: „"Das Waldsterben gab es gar nicht. Der saure Regen hat den Bäumen relativ wenig angetan" und "maximal zehn Prozent von dem, was durchschnittlich zuwächst, ist abgestorben".

Ähnlich unzutreffend erwiesen sich die Prognosen der Erschöpfung von Erdölreserven. Während in der Erdölkrise der achtziger Jahre einige das Ende des Erdöls innerhalb von fünfzehn (!) Jahren gesehen haben, schätzt man die Reserven heute auf das 150-fache des aktuellen jährlichen Verbrauchs. Mit anderen Worten, die Reserven entwickeln sich mit der Zeit nach oben eher schneller als der Verbrauch.

Diese Fälle zeigen, dass im Bereich von Gesellschaft und Umwelt die Prognosen sowohl von negativen Entwicklungen als auch von den positiven Errungenschaften durch menschlichen Fortschritt tendenziell deutlich überschätzt werden.

Bei der Prognose der Klimaveränderung selbst wurde im ersten Jahrzehnt des 21. Jahrhundert eine Diskrepanz im Vergleich zur tatsächlich eingetretenen Entwicklung festgestellt. Spiegel-Online schrieb dazu: „Von 1998 bis 2012 stockte die globale Erwärmung - das Wissenschaftsmagazin „Nature" sprach vom "größten Rätsel der Klimaforschung". Der Klimareport der Vereinten Nationen analysierte nüchtern: "Der Hiatus" des Anstiegs der bodennahen Lufttemperatur, also die Pause oder Unterbrechung, könnte nicht erklärt werden."

Es folgte eine wissenschaftliche Diskussion um die Zuverlässigkeit der Prognosemodelle. Einige Forscher verteidigen die Modelle und sehen darin keinen Nachweis deren Untauglichkeit. „Das Versagen bleibe eine Herausforderung, es sei jedoch kein Grund, an den Klimamodellen zu zweifeln, schreiben die Forscher um Iselin Medhaug von ETH Zürich nun in "Nature". Die Simulationen seien nur für längere Zeiträume geeignet." (aus http://www.spiegel.de/wissenschaft/natur/klimawandel-forscher-erklaeren-pause-der-erderwaermung-a-1145956.html).

Ist es möglich, dass die Simulationsmodelle längere Zeiträume besser voraussagen als kürzere? Die prinzipielle Antwort ist: ja, das ist möglich. Das Verhalten vieler Systeme kann verschiedene Facetten in verschiedenen Zeitskalen haben. Stellen wir uns einen flexiblen Stab wie beispielsweise eine Angelrute vor. Bewegen wir sie am Griff, wird sie wahrscheinlich eine Zeit lang hin und her schwingen und die Position von ihrem freien Ende wird schwer vorauszusagen sein. Nach einer gewissen Zeit wird jedoch ausgependelt und das Ende der Angelrute bleibt in Verlängerung des Griffs stehen. Verschießt man einen Ball auf einem baumlosen Berg, kann seine herumspringende Flug- und Roll-Bahn kurzfristig kaum eine Prognose erlauben. Am Ende werden wir ihn jedoch mit hoher Wahrscheinlichkeit auf der Talsohle finden.

Das Problem liegt aber anderswo. Da es sich um Prognosen von etwas offensichtlich Neuem handelt, bedürfen die Modelle unbedingt einer „Validierung". So nennt man die Überprüfung ihrer Prognosefähigkeit durch gemessene Daten. Simulationen die „nur für längere Zeiträume geeignet sind" können nur mit Hilfe von sehr langfristigen Messungen überprüft werden. Irgendwo gehen uns aber die Daten aus – sie wurden nicht immer mit gleicher Präzision (und noch früher überhaupt nicht) erfasst. Während also relativ kurzfristige Prognosemodelle noch ganz gut validiert werden können, wird es bei längerfristigen Prognosen immer schwieriger. Sehen wir uns daher die Validierungsmethoden noch etwas genauer an.

Das Validieren eines Modells geschieht in der Regel in zwei Phasen. Die erste davon besteht darin, dass man das Modell an eine gewisse Menge von aussagekräftigen Messdaten anpasst. Beim oben beschriebenen Modell der Reichweite eines Autos würde es in der Berechnung des Durchschnittsverbrauchs (des einzigen „Parameters" von unserem Verbrauchsmodell) aus den Daten des Fahrtenbuchs bestehen. Im einfachsten Fall würde man die gesamte gefahrene Strecke mit der Summe von Tankfüllungen dividieren. Bei einem Klimamodell würde es in der Bestimmung von vielen (vielleicht auch ein paar Millionen) von Parametern bestehen. Die Parameter werden so ausgewählt, dass bei einer Simulation die tatsächlich gemessenen Werte von Temperatur, Luftfeuchtigkeit, Windrichtung und -geschwindigkeit und noch vielem mehr optimal getroffen werden. Der Satz aller dieser Messungen, die für die Bestimmung des Modells verwendet wurden, wird oft die „Trainingsmenge" genannt. Ob das mit dem Wesen eines Trainings etwas gemeinsam hat, kann man schwer entscheiden. Vielleicht folgt man der Vorstellung, das Modell wie einen Hund trainieren zu können. Aber es handelt sich ja um einen ursprünglich angelsächsischen Begriff und im Englischen bedient man sich oft phantasievoller Parallelen zu Sachen, die mit dem eigentlichen Gesprächsthema nichts zu tun haben.

Nun ist leider die Tatsache, dass das Modell perfekt zu denjenigen Daten passt, die bei seiner Konstruktion verwendet werden, noch kein Beweis für seine Tauglichkeit zu Prognosen. Wird der Durchschnittsverbrauch aus einer einzigen Fahrt bestimmt, ist er an diese eine Fahrt „perfekt" angepasst. Aus der einen gefahrenen Strecke (beispielsweise 150 km) und dem dafür verbrauchten Kraftstoff (9 l) ergibt er sich der Verbrauch (6 l/100 km). Und aus diesem Verbrauch (6 l/100 km) und dieser Kraftstoffmenge (9 l) ergibt sich durch eine Division 9:6, multipliziert mit 100 km, die Strecke (150 km). Der perfekte Treffer ergibt sich also bei diesem Modell immer. Es lässt sich statistisch nachweisen, aber es reicht auch der gesunde Menschenverstand dazu, dass das aus einer einzigen Fahrt gewonnene „Prognosemodell" eine recht schlechte Prognosetauglichkeit aufweist.

Um die Zweifel über die Prognosetauglichkeit auszuräumen, wird ein anderer Satz von Messdaten verwendet. Im Falle des Verbrauchsmodells wären es ein paar andere Strecken, deren Länge und verbrauchte Treibstoffmenge bekannt ist. Trifft das Modell auch diese „neuen" Fälle mit akzeptabel kleinem Fehler, kann es als validiert betrachtet werden.

Offensichtlich können diese Fälle keine Zukunftsfälle sein, denn dann hätten wir keine Messdaten dafür und könnten keine Trefferquote bestimmen. Daher können es nur Fälle aus der Vergangenheit sein, die man sich in voraus aufgehoben hat und nicht zum „Training" verwendet hat. Bei einem Klimamodell, welches die Entwicklung des Weltklimas unter Einfluss der von Menschen verursachten Kohlendioxidemissionen beschreiben soll, können beispielsweise Messdaten aus dem relevanten Zeitraum seit den fünfziger Jahren des 20. Jahrhunderts verwendet werden. Wir hätten also Messdaten über einen Zeitraum von ca. 70 Jahren zur Verfügung. Da das Modell die zukünftige Entwicklung voraussagen soll, bei der der CO_2-Gehalt der Atmosphäre steigen wird, muss es auch in diesem Sinne getestet bzw. validiert werden. Die einzige sinnvolle Aufteilung in Training- und Testmenge sieht also so aus, dass frühere Daten zum Training und spätere zum Test verwendet werden. Erwarten wir die Fähigkeit zu einer langfristigen Prognose (beispielsweise für die nächsten 100 Jahre), sollte der Test einen vergleichbaren Zeitabschnitt abdecken. Da die beschleunigte Klimaerwärmung noch keine 100 Jahre dauert, ist klar, dass das schwierig sein wird. Damit das Modell nicht ein reines Spielzeug wird, müssen wir von unseren 70 Jahren, für die die relevanten Daten zur Verfügung stehen, einen möglichst großen Abschnitt für den Test aufheben. Wenn er zu groß wird, bleiben aber zu wenige Daten für die Bestimmung der Modellparameter, d.h. für das Training. In diesem Dilemma können wir uns für eine Halb-Halb-Aufteilung entscheiden: 35 Jahre für das Training und genauso viele für den Test.

Hier sehen wir, dass die Vorstellung eines Modells welches nur „langfristige" Entwicklungen voraussagt, in welchen der 15-jährige Zeitraum von 1998 bis 2012 nur ein zufälliger Kleks ist, nicht in die real vorhandenen Möglichkeiten einer Modellvalidierung passt. Wenn die Prognose von den 35 Testjahren bei 15 Jahren voll daneben liegt, ist das Modell einfach gar nicht validiert: als kurzfristiges Modell taugt es offenbar nicht und seine langfristige Tauglichkeit können wir nicht nachweisen.

Anders ausgedrückt: Ist für gewisse Modelle ein fünfzehnjahresabschnitt nur unbedeutendes, vom Zufall beherrschtes „Rauschen", müssten die Zeiteinheiten, in denen sich die Simulation abspielt, deutlich länger sein, beispielsweise fünfzig Jahre. Will man ein solches Modell mit Parametern versehen und validieren, werden Messdaten über zumindest ein paar Dutzend solcher fünfzigjähriger Einheiten benötigt. So kommen wir leicht auf einen Datenbedarf über 1000-2000 Jahre. Dass Klimadaten über solche Zeiträume nur sehr grob geschätzt werden können, dürfte wohl für jedermann einleuchtend sein. Umso weniger kann man sie als Grundlage für detaillierte regionale Vorhersagen machen.

Es gibt aber noch einen anderen Haken in der Validierung der Klimamodelle. Nachdem das Forschungsthema

„Klimawandel" populär geworden ist, haben sich die Forscher der ganzen Welt auf dieses Gebiet gestürzt. Niemand wird heute rückwirkend die Anzahl der entworfenen und ausprobierten Modelle beziffern können. Einige dieser Modelle waren besser, andere schlechter. Und wahrscheinlich wurden alle durch eine ähnliche Aufspaltung der verfügbaren Messdaten, wie wir oben vorgeschlagen haben, validiert. Die Modelle, die aus der Validierung gut herausgekommen sind, wurden weiterentwickelt. Das ist auch die einzig logische Vorgehensweise: schlechte Konzepte werden verworfen und gute weiterverfolgt.

Nun gilt aber eine für das Validierungsverfahren aus Training- und Testmenge eine wichtige Bedingung, ohne die es sich um keine Validierung handelt: die Testmenge darf nicht für die Auswahl des Modells verwendet werden. Wenn man es trotzdem tut, hat man die Testmenge zu einem Teil der Trainingsmenge gemacht. Es ist, als würde man ein Modell aus mehreren Teil-Modellen A, B, C bis Z gemacht, wobei für jede Prognose das Beste dieser Teil-Modelle genommen wird. Welches aber das Beste ist, kann man nur in der Situation entscheiden, für die die Daten vorliegen. Nehmen wir beispielsweise für die Prognose bis zum Jahr 2100 alle Teil-Modelle A bis Z, können wir nicht wissen, welches dann das Beste ist – das ist immer nur über die Vergangenheit bekannt. Daher können wir uns gar nicht für ein bestimmtes Modell entscheiden.

Da diese Erklärung vielleicht als verwirrend empfunden werden kann, versuchen wir nun, sie anhand eines Beispiels zu illustrieren. Bei wem ein Quäntchen Spekulantenblut in den Adern fließt, wird sich mit diesem Beispiel gut anfreunden können. Es ist ein einfacher Versuch, die Entwicklung des Deutschen Aktienindex DAX vorauszusagen. Sollte es jemandem gelingen, den DAX mit guter Präzision zu prognostizieren, könnte er sich mit Optionsgeschäften eine oder gleich mehrere goldene Nasen verdienen. Es muss jedoch bereits in voraus dringend darauf hingewiesen werden, dass in der Realität eine solche Prognose weder mit diesem, noch einem anderen Modell möglich ist! Wer kein Gefallen am Schlafen unter der Brücke und Durchwühlen der Mülltonnen nach Essbarem hat, sollte von solchen Versuchen unbedingt die Finger weg lassen!

Nach dieser Warnung sehen wir uns die Entwicklung von DAX in den Jahren 1996 bis 2000. Angesichts des Verlaufs sieht es nach einer aussichtsreichen Möglichkeit, den Verlauf mit einer Geraden näherungsweise zu beschreiben. In diesem Fall ist die Näherung gar nicht so schlecht – manche realen Prognosen durch Wirtschaftsexperten machen einen größeren Fehler.

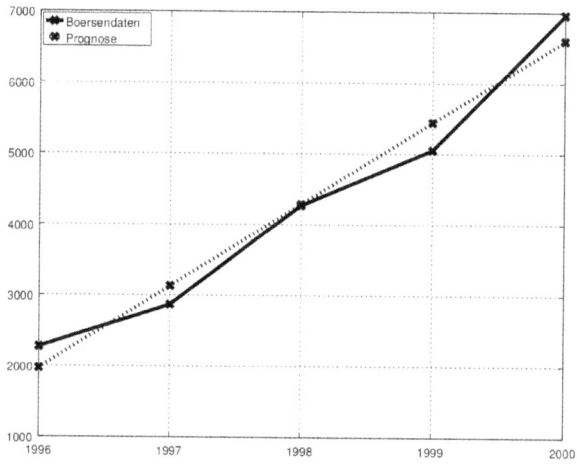

Leider zeigt bereits ein Blick in die nächsten drei Jahre (bis 2003), dass es die Gerade nicht sein kann. Es wäre zu schön gewesen. Man muss also zu etwas komplexeren Modellen greifen, die man an den gesamten Verlauf von 1996 bis 2003 anpassen kann. In der nächsten Graphik sind gleich zwei solche Modelle eingezeichnet, die beide vernünftig aussehen. Für Mathematiker: eines davon ist ein Polynom 3. Ordnung, das andere ein Sinus-Modell.

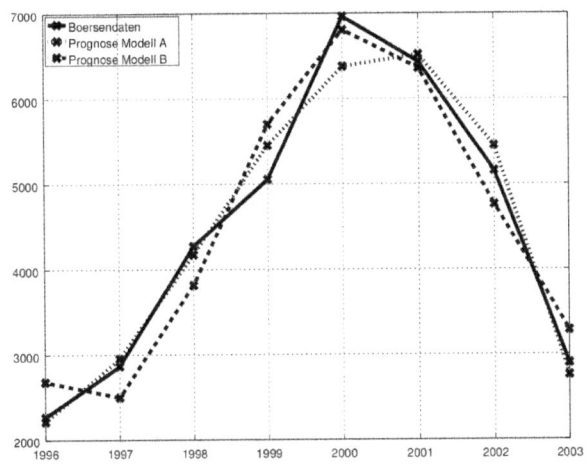

Wir können uns der oben verwendeten Terminologie bedienen und sagen, dass hier die Prognoseleistung an der Trainingsmenge angezeigt wird. Es zeigt, wie beide Modelle an die bekannten Daten, mit deren Hilfe ihre Parameter bestimmt wurden, angepasst sind. Das Modell A (die gepunktete Kurve) weist etwas bessere Anpassung im ersten Datenabschnitt auf. Nehmen wir also an, es wird als das „wahre" Modell ausgewählt.

Damit wir den Prognosen mit gutem Grund Glauben schenken können, wird das Modell noch validiert. Für die Validierung müssen die Daten von einem noch nicht verwendeten Datenabschnitt herhalten. Nehmen wir an, wir befinden uns mitten im Jahr 2010 und verwenden dazu noch die Jahre bis 2009 für die die DAX-Kurse bekannt sind.

Die nächste Graphik zeigt, was wir mit der Wahl des Modells A angestellt haben.

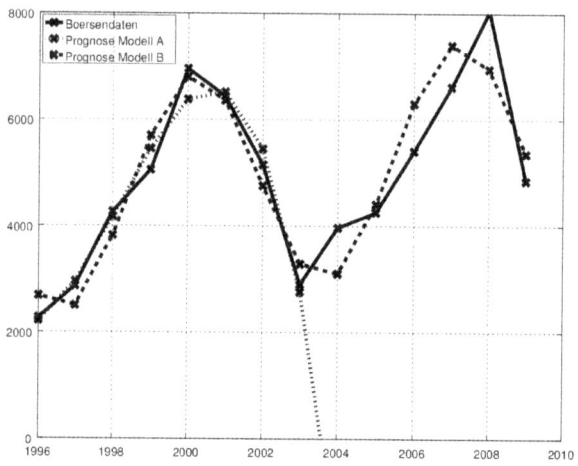

Das Modell A erweist sich für die Testmenge als vollkommen untauglich – es verlängert den scheinbaren „Trend" der Jahre 2000 bis 2003 immer weiter nach unten. Jetzt sehen wir, dass das fast genauso gute Modell B die deutlich bessere Wahl gewesen wäre.

Nach dieser Erfahrung spricht auch nichts dagegen, sich lernfähig zu zeigen und das Modell B künftig weiter zu entwickeln. Das Problem ist aber, dass wir keine weiteren Daten zur Validierung mehr haben. Wir sind also um eine Erfahrung reicher und weiser geworden, ob es für die Prognosefähigkeit ausreicht, wissen wir noch nicht.

Sammeln wir also noch ein paar Jahre die Daten. Nun befinden wir uns im Jahre 2018, haben also eine erweiterte Zeitreihe bis 2017 parat. Das nachfolgende Bild zeigt: gut, dass wir abgewartet haben. Sollte sich jemand auf sein unvalidiertes Modell verlassen haben, hätte er in 2015 beispielsweise mit „vielversprechenden" Put-Optionen den

112

Weg ins Hartz IV angetreten – der prognostizierte Absturz von DAX ist nicht eingetreten.

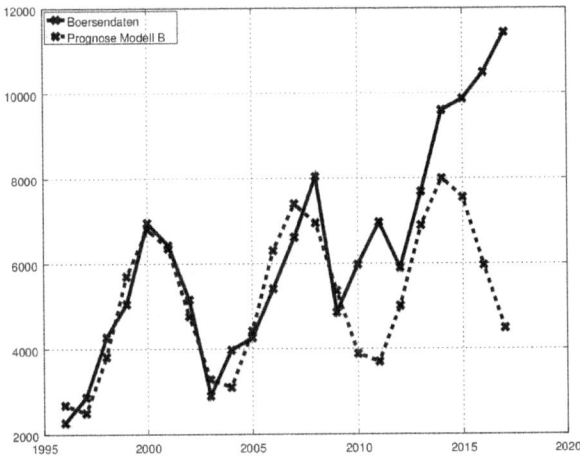

Mit diesem einfachen Beispiel aus der wirtschaftlichen Realität können wir also verstehen, vor welchen Problemen die Prognosen stehen und warum man ohne sehr konsequente Validierung über ausreichende Zeiträume kein allzu großes Vertrauen in die Voraussagen hegen sollte.

8.5 Zweistufigkeit wie beim Orakel von Delphi

Seit dem Orakel von Delphi hat sich in der Welt der Prognosen viel geändert. Eines ist jedoch geblieben: es gibt den Prognostiker und den Interpreten. Der Prognostiker macht die Prognose und der Interpret sagt, was sie bedeutet.

Der Interpret ist oft ein Politiker oder ein Journalist. Es ist nicht ganz klar, was dieser Personenkreis mit Aussagen wie „es gibt wahrscheinlich mehr Landgebiete, in denen die Anzahl der Starkniederschlagsereignisse gestiegen ist, als solcher in denen sie abgenommen hat" (IPCC-Bericht) anfangen kann. Klar ist jedoch, dass er im ziemlich freien Interpretationsraum dieses Satzes die ihm genehme Auslegung findet.

Wir haben bereits erwähnt, dass im IPCC-Bericht von Risiken des Klimawandels die Rede ist, aber nicht von dessen Vorteilen oder Chancen. Der JRC-Bericht für die Europäische Kommission hat wiederum bei der Bewertung der Gesundheitsfolgen die „Wärmetoten" prognostiziert, die „Kältetoten" jedoch ausdrücklich ausgeklammert. Beides scheint eine gewisse Lenkung der Prognosearbeit zu belegen – man braucht keine Promotion, um zu wissen, dass zu Risiken auch Chancen gehören, genauso wie zu Wärmetoten auch Kältetote. Es ist nicht überliefert, ob es in Delphi genauso zuging, d.h. ob Prognosen mit Präferenzvorgabe üblich oder als Sonderanfertigung möglich waren. Aber es ist im Rahmen des Möglichen.

Das in Kapitel 1 gezeigte Schema einer vernünftigen Reaktion auf eine beobachtete Veränderung endet bei der Überlegung, welche Maßnahmen ergriffen werden können, falls die Veränderung als bedrohlich eingestuft wurde. Ist die Veränderung nicht unmittelbar gefährlich, sondern eher ihre vermuteten Folgen, muss man sich mit dem Weg der Verhinderung dieser Folgen einzeln befassen. Das ist bei einem komplexen Phänomen wie dem Klimawandel der Fall, denn die primäre Veränderung, der CO_2-Ausstoß, bedroht in der gegenwärtigen und auch künftig anzunehmenden Konzentration niemanden. CO_2 ist ungiftig und fern davon, am Sauerstoffgehalt der Luft zu nagen. Ersticken am CO_2 werden wir also nicht. Es sind die Folgen wie Temperatur-, Meeresspiegelanstieg oder Wetterkapriolen, die wir in diesem Fall auf ihre Bedrohlichkeit hin bewerten.

Was in diesem Zusammenhang eine Schlüsselrolle spielt, ist der Begriff der „Ursache". Obwohl er auch im wissenschaftlichen Denken einen gebührenden Platz findet, weiß jeder Wissenschaftler, dass es etwas solches wie eine alleinige Ursache praktisch nicht gibt. Dass etwas passiert, liegt am Zusammentreffen vieler Zustände, die man alle als Ursachen nennen kann – obwohl alle zusammenzustellen eine knifflige Aufgabe ist.

Stellen wir uns, ein Ehepaar stellt fest, ihr gemeinsames Konto wurde, sagen wir um 300 Euro, überzogen. Die Ursachensuche wird nun unvermeidlich. Die Ehefrau kann die neu beschafften Alufelgen zum Preis von €800,- für die Familienlimousine als Ursache sehen – ohne sie wäre das Konto nicht überzogen. Der Ehemann kann als den ursächlichen Übeltäter eine Handtasche für €400,- sehen, mit gleichem Effekt für das Phänomen „Konto überzogen". Man kann vortrefflich darüber diskutieren, dass ein Auto auf Stahlfelgen genauso gut fährt und solange man darin sitzt, bekäme man vom ästhetischen Effekt nichts mit. Das Argument, dass auch Handtaschen für 150 Euro auf dem Markt sind, kann genauso verwendet werden wie dasjenige, dass die richtig schönen eher 4000 Euro kosten. Wissenschaftlich analysiert kommt man zu dem Schluss, dass jegliche Ausgaben, deren Summe 300 Euro übersteigt als Ursache gelten können. Am Ende sinnvoll ist es, sich diejenige Ursache auszusuchen, die man am ehesten als unvermeidlich oder manipulierbar betrachtet.

Nehmen wir noch ein Beispiel aus der Welt der Schulmathematik. Damit wollen wir Nichtmathematiker nicht in Panik versetzen – nach zwei Textabsätzen ist es vorbei. Eine Gleichung der Form

$$2x = 10$$

hat offensichtlich die Lösung x=5. Diese Lösung ist die Folge von zwei zahlenmäßigen Parametern: 2 und 10. Man kann nicht entscheiden, ob die 2 oder die 10 die „Ursache" für die Lösung gleich 5 ist – jeder von beiden Parametern hat seinen Anteil daran.

Im System von zwei Gleichungen

$$2x + 3y = 8$$
$$4x + 5y = 14$$

Ist sogar jedes seiner sechs Koeffizienten (2,3,4,5,8,14) die Ursache für die Lösung, welche x=1 und y=2 lautet. Natürlich kann man keinem einzelnen Koeffizienten die „Schuld" an der Lösung zuschieben – alle zusammen machen die Ursache aus. Man kann sich jeden aussuchen und ändern und die Lösung wird anders.

Bei Verkehrsunfällen wird oft als Ursache die „überhöhte Geschwindigkeit" angegeben. Die ist auch immer ein

Treffer – bei Schritttempo wäre nichts passiert oder die Folgen wären minimal. Zum Unfall gehört aber viel mehr – zum Beispiel der Gegenverkehr, eine Kurve, schlechtes Wetter, miserabel konstruierte Achsgeometrie des Fahrzeugs oder Mangel an Rallye-Erfahrung des Fahrers. Die Abwesenheit jeder dieser Ursachen könnte zur Vermeidung eines Unfalls führen. Indem man überhöhte Geschwindigkeit nennt, gibt man zum Ausdruck, dass das der im Allgemeinen am ehesten vermeidbare Umstand war. Sollte der Fahrer auch noch alkoholisiert sein, wird die Ursache sicherlich „Alkoholeinfluss" heißen, obwohl die gleiche Geschwindigkeit dabei genauso ursächlich beteiligt war.

Auch bei Umweltproblemen gibt es oft eine Auswahl von Ursachen. Dass sich in den Weltmeeren das Material aus Plastiktüten sammelt, bietet mindestens zweierlei Ursachen: erstens, dass es Menschen gibt, die sie ins Meer schmeißen und zweitens, dass Plastiktüten überhaupt existieren. Bei der Bekämpfung dieses wegen seines riesigen Maßstabs bereits tragischen Phänomens kann und muss man sich den Stellhebel aussuchen: entweder das Wegwerfen wirksam zu verbieten oder die Produktion der Plastiktüten einzustellen.

Bei Phänomenen, die mit der Erdatmosphäre zu tun haben, ist die Lage meistens komplizierter. Beim Wetter sind wir gewöhnt, dass es mal so und mal so ist, ohne die Ursache zu kennen. Niemand wundert sich warum sich der Nebel heute eine Stunde später aufgelöst hat als gestern und wähnt keine nahende „Nebelkatastrophe". Beim Thema Klima geht ab und zu diese Rationalität verloren: bei jedem Starkregen und jedem Waldbrand ist die Ursache „Klimawandel" parat. Dabei ist auch hier das ursächliche Gefüge noch deutlich komplizierter als beim Nebel.

Beim Klimawandel muss man sich vorstellen, dass das oben gezeigte Gleichungssystem aus Hundertausenden oder Millionen Variablen und Koeffizienten besteht, ob wir sie alle betrachten oder nicht. Allein der erste Schritt, die Bestimmung aller alternativen Ursachen kann also nichts anderes als eine gigantische Aufgabe sein. Und genauso schwierig ist die Wahl derjenigen die als vermeidbar oder manipulierbar gelten kann.

Als Ursachen für die Schwankungen von Kohlenmonoxid-Gehalt der Atmosphäre sowie einhergehende Klimaveränderungen wurde bereits eine ganze Palette vorgeschlagen und teilweise nachgewiesen. Erst in der Gegenwart wird der Mensch und seine diversen Aktivitäten als Verursacher des Klimawandels gesehen. Für die Abnahme in der Zeit der Dinosaurier wird das Pflanzenwachstum verantwortlich gemacht. Als Ursache für den vorübergehenden Anstieg gegen Ende dieser Periode wird hauptsächlich der Vulkanismus genannt.

Im Eiszeitalter werden als grundlegende Ursache für Klima-Schwankungen die Änderungen in den Parametern der Erdbahn um die Sonne.

Die Ozeane sind ein nicht zu vernachlässigendes Reservoir von CO_2. Beispielsweise der Bildungsserver (http://wiki.bildungsserver.de/klimawandel/index.php/Kohlenstoff_im_Ozean) sagt dazu: „Die gesamte im Ozean gelöste Menge an Kohlenstoff ist etwa 50 Mal größer als jene in der Atmosphäre und 20 Mal größer als der an Land (Vegetation und Böden) gespeicherte Kohlenstoff." Den Ozeanen wird eine Pufferfunktion zugesprochen, die die Schwankungen von CO_2 in der Atmosphäre dämpft. Obwohl über das Potenzial und die Wirksamkeit dieser Funktion verschiedene Meinungen herrschen, ist der wesentliche Einfluss des Ozeans bei dieser enormen Kapazität unzweifelhaft. Das Fünfzigfache der Kapazität der Atmosphäre bedeutet, dass eine Erhöhung des ozeanischen CO_2-Gehalts um 2 % den gesamten atmosphärischen Kohlendioxid vollständig aufnehmen könnte, und eine Absenkung um 2 % den Gehalt in der Atmosphäre verdoppeln würde. Obwohl die vollständige Aufnahme des atmosphärischen Kohlendioxids ins Meer physikalisch unmöglich ist, zeigt dieses Verhältnis, mit welchen Unsicherheiten die Ursachenzuordnung behaftet ist.

Neben dem meistzitierten Kohlendioxid sind einige andere Gase am Treibhauseffekt und dadurch am Klimawandel beteiligt. Es sind vor allem

- Methan - 25 mal wirksamer als CO_2, und
- Lachgas - 298-mal wirksamer als CO_2.

Ihre Anteile (Quelle: http://www.360report.org/de/) zum weitweiten Treibhauseffekt machen mehr als ein Viertel aus.

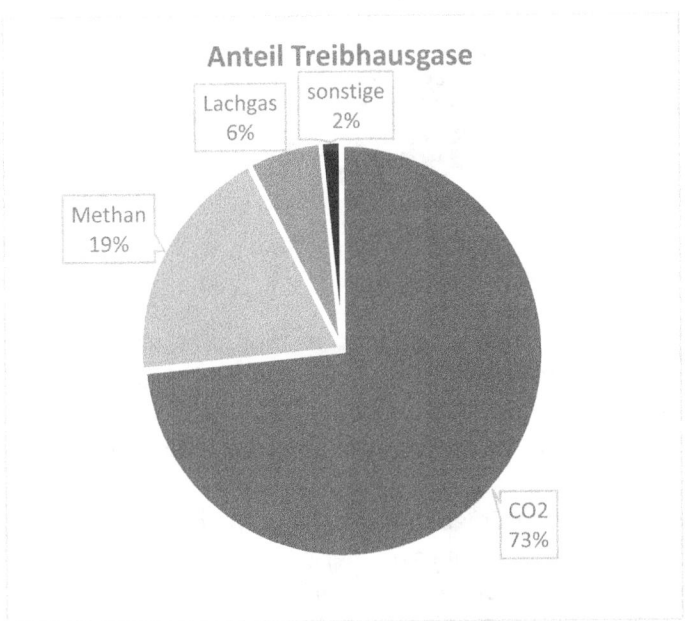

119

Auch der Beitrag der berühmten fossilen Brennstoffe
ist weit unter 100 %:

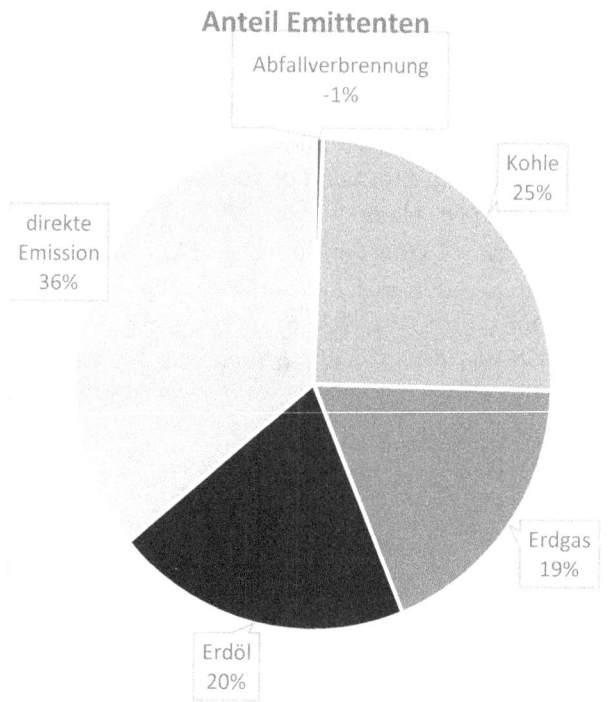

Anteil Emittenten

Abfallverbrennung -1%

Kohle 25%

direkte Emission 36%

Erdgas 19%

Erdöl 20%

Die dominanten direkten Emissionen umfassen beispielsweise Methan-Emissionen durch landwirtschaftliche
Fleischproduktion, CO_2-Emissionen durch Abholzung usw..
   Ob gewisse Entwicklungen überhaupt hauptsächlich
durch die Treibhausgase verursacht werden, ist ebenfalls
eine schwierige Frage. Die bereits erwähnte Entstehung
von Wüsten ist nur eines der Beispiele. Bei der Sahara ver-
mutet man unter anderem ein kälter gewordenes Klima als
Auslöser, die menschlichen Aktivitäten (eindeutig aus dem

vorindustriellen Zeitalter) kommen aber genauso in Frage: „Die langsame Abnahme der Sonneneinstrahlung seit dem holozänen Klimaoptimum schwächte den Sommermonsun dann wieder und ließ so die Trockenheit in Nordafrika zurückkehren. Da jedoch das Zusammenspiel von Vegetation und Regen nichtlinear ist, schritt die Wüstenbildung zunächst nur allmählich voran. Erst vor etwa 5500 Jahren verstärkte sie sich dann ziemlich abrupt, so daß die bewohnbare Steppe innerhalb weniger Jahrhunderte zur kargen Einöde wurde … . Dieses Ergebnis unserer Simulationen deckt sich weitgehend mit den wenigen in der Literatur beschriebenen oder noch unveröffentlichten Rekonstruktionen der Wüstenbildung."

Das Verschwinden der Vegetation vor gut 5000 Jahren war demnach im wesentlichen natürlichen Ursprungs. Oder hätte es, ein wenig vorsichtiger formuliert, jedenfalls sein können. Nach Erkenntnissen von Paläoklimatologen haben die Menschen damals das Land durchaus genutzt und dabei der Vegetation geschadet. So finden sich laut Hans-Joachim Pachur, Professor für Physische Geographie an der Freien Universität Berlin, Spuren von Abholzung am Nord- und Südrand im Savannengürtel der damaligen saharischen Steppe. Wie stark dies zur Wüstenbildung beigetragen hat, können wir aber nicht genau sagen. (Aus Spektrum.de: https://www.spektrum.de/magazin/wie-die-sahara-zur-wueste-wurde/826065.)

Andere Wüstengebiete entstehen durch übermäßige Entnahme des Grundwassers durch Übervölkerung oder Rohstoffabbau. Letzteres z.B. in der Region um das bolivianische Salar Uyuní, wo sich die größten Lithium-Vorkommen der Welt befinden. Das Lithium ist der wichtigste Rohstoff für die Batterieproduktion. Die erhöhte Nachfrage durch die Handy-Akkus war nur das Vorspiel – nun kommen die Elektro-Autos.

Das zeigt, dass Einiges bedacht werden muss, bevor man mit dem Finger auf eine Ursache zeigt. Denn die auserwählte Ursache wird dann zum Kandidaten für die Bekämpfung gekürt. Sucht man sich die falsche, wird die Bekämpfung zu einem Kampf gegen die Windmühlen.

Der Berliner Flughafen kann nicht und kann nicht zu Ende gebaut werden, obwohl man ganz genau weiß, wie man Flughäfen baut – es sind ja viele auf der Welt vorhanden. Diese poetische Parabel will uns sagen, dass die tatsächliche oder vermeintliche Kenntnis der Ursachen noch lange nicht mit dem Erreichen des Ziels gleichzusetzen ist.

Es wäre töricht, eine allgemeine Anleitung zum Erreichen eines beliebigen Ziels vorzuschlagen. Es gibt jedoch einige Grundsätze des vernünftigen Handelns, die man beherzigen soll. Wir knüpfen dabei an das Schema der Bewertung der Bedrohlichkeit einer Situation aus Kapitel 1. Wird die Situation von uns als akzeptabel oder zumindest nicht bedrohlich, haben wir auch kein Handlungsbedarf und daher kein Ziel. Erst wenn wir die Bedrohlichkeit fundiert festgestellt haben, können wir uns Ziele setzen, um die Bedrohung aus der Welt zu schaffen.

Haben wir uns auf einem Ziel geeinigt, folgt die Phase, in der wir eine Vorgehensweise suchen, das gegebene Ziel zu erreichen. In der Regel bieten sich hier sogar mehrere Alternativen. Wir müssen diese Alternativen bewerten. Bei der Bewertung fordern wir von der gewählten Vorgehensweise Folgendes:

1. Sie sollte mit hoher Wahrscheinlichkeit tatsächlich zum Ziel führen und nicht etwas durch mögliche Umstände zunichte gemacht werden.

2. Die negativen Nebenwirkungen der gewählten Vorgehensweise sollten eindeutig und deutlich geringer sein als der Wert der Zielerreichung

3. Der mit ihr verbundene Aufwand (der auch als eine negative Nebenwirkung aufgefasst werden kann) sollte im vernünftigen Verhältnis mit dem Ziel sein. Ist das Ziel die Neutralisierung einer großen Gefahr, akzeptieren wir einen großen Aufwand. Handelt es

sich nur um eine leichte Unbequemlichkeit, nehmen wir von allen aufwändigen Aktionen abstand.

Nehmen wir dazu ein Beispiel aus dem Alltag. Eines Tages gehen wir in den Garten und vernehmen einen ungewöhnlichen Geruch. Als erstes müssen wir entscheiden, ob es ein angenehmer Geruch ist. Hat der Nachbar einen Rosengarten angelegt, können wir uns bei ihm für diese Bereicherung bedanken oder auch nichts tun und sich im Stillen freuen.

Ordnen wir den neuen Geruch als Gestank ein, suchen wir zuerst woher er kommt. Finden wir in der eigenen Gartenecke eine verendete Ratte, entfernen wir sie kurzerhand, auch wenn das keine angenehme Aktion ist. Ist die Quelle ein neu angelegter Komposthaufen auf dem Nachbargrundstück, überlegen wir, welche Möglichkeiten uns zur Verfügung stehen, um eine Besserung zu bewirken. Wir können den Nachbarn bitten, einen verträglicheren Standort zu suchen oder darauf hinweisen, dass der Gestank früher oder später auch ihn stören wird. Ein eingefleischter Querulant kann auch die gültigen Gerichtsurteile durchforsten, die die Platzierung von Komposthaufen in Wohnvierteln regeln, um dann seinen Argumenten Nachdruck zu verleihen.

Zeigt sich heraus, der Gestank stammt von einem gerade in Betrieb genommenen Schlachthof, wird ein normaler Bürger, der es sich nicht zur Lebensaufgabe gemacht hat, in unsinnigen Gerichtsverhandlungen sein Leben zu verbringen, seine Fenster zu exponierten Zeiten öfter schließen. Besonders in einer strukturschwachen Region würde er sich mit der Forderung, den Arbeitsplätze schaffenden Schlachthof zu schließen, ziemlich unbeliebt machen. Und die sich daraus ergebenden Nachteile würden deutlich über seine gereizten Geruchszellen hinausgehen.

124

Wie sieht im Licht dieser Prinzipien der „Kampf gegen den Klimawandel" aus? In den meisten Kapiteln dieses Buches wurde argumentiert, dass nach Abwägung der Folgen des Klimawandels die Vorteile aus der Erwärmung eher überwiegen. Diese Einschätzung hängt natürliche von den persönlichen Prioritäten jedes Einzelnen. Sollte jemandem die Kälte doch lieber sein, bleibt der andere Befund: die Folgen, ob positiv oder negativ, sind so gering, dass kaum jemand sie persönlich ohne eine Berichterstattung über die Details der meteorologischen Messwerte rund um den Globus merken würde. Der effektivste Weg, diesen Folgen zu begegnen, wäre also, den Fernseher zum geeigneten Zeitpunkt abzuschalten.

Sollte man sich trotzdem entscheiden, „etwas" gegen den Klimawandel zu unternehmen, steht man vor der nicht einfachen Frage, welche Ursachen für den Wandel wesentlich sind. Dass es auch mit der Anwesenheit der Menschen auf diesem Planeten zu tun hat, ist am wenigsten umstritten – bei acht Milliarden Einwohnern gibt es nichts auf dieser Welt, wo der Mensch nicht seine Finger im Spiel hat. Dazu steht eine ganze Reihe natürlicher Ursachen zur Auswahl, wie in Kapitel 9 kurz aufgelistet. Und noch viele mehr darüber hinaus. Wie weit diese Ursachen die von den Menschen gemachten ergänzen oder ihnen entgegenwirken, ist genauso schwierig zu beantworten wie alles andere bei diesem Thema. Es kann sein, dass man durch die Einstellung jeglicher Verbrennung den Kohlendioxid-Ausstoß auf null bringt und beispielsweise die Verschiebung der Kontinentalplatten so viele Treibhausgase freisetzt, dass der Effekt der Bestrebungen zunichte gemacht wird.

Die Versuche, den Klimawandel durch gezielte Aktionen zu verhindern, sind nicht nur mit einer großen Unsicherheit über deren Ausgang behaftet, sondern auch extrem aufwändig.

Der Versuch, den Verkehr zu reduzieren klingt in heutiger Zeit geradezu skurril. Die systematischen Bemühungen der letzten Jahrzehnte, die Globalisierung des Handels und des Personenverkehrs durchzusetzen, haben die heutigen Zustände herbeigeführt. Die „Flexibilität" brachte Pendler-Exzesse: 100 km einfache Strecke in die Arbeit zu fahren wäre in den achtziger Jahren nur etwas für einen auto- oder zugverliebten Exzentriker. Heute ist es nichts Ungewöhnliches. Aber vor allem der Warenverkehr nimmt absurde Ausmaße an. Jeder kennt aus eigener Erfahrung die Lkw-Kolonnen, die auf der rechten Spur aller europäischen Autobahnen wie ein endloser Zug bis zum Horizont reichen. Vor einigen Jahrzehnten waren sie noch unbekannt. Aus angeblichem „Produktivitätszwang" wird hin- und hergeschoben, was das Zeug hält. Interessanterweise fallen gerade die letzten drei oder vier Globalisierungsjahrzehnte mit der Zeit des geringsten (bzw. teilweise auch keinen) Anstiegs des Reallohns der Nachkriegszeit zusammen. Das ist nicht gerade das, was man von einer extrem produktiven Wirtschaft erwartet. Der Produktivitätsschub scheint zu keinem besseren Leben zu führen - sein Effekt verschwindet systematisch irgendwo in einem schwarzen Loch. Die Steigerung des Lebensstandards sollte also als Grund nicht herhalten. Aber stoppen wird diese Entwicklung wohl niemand.

Dem privaten Personenverkehr ist heute ein höherer CO_2-Ausstoß (in Deutschland 61 % aller Verkehrsmittel) zuzuschreiben als dem Straßen-Güterverkehr (35 %). Daher lassen die Kämpfer gegen den Klimawandel ihre Ideen für Elektromobilität und Car-Sharing zuerst auf den privaten Personenverkehr los. Die Lage kann sich aber in naher Zukunft umkehren. Extrapolieren wir die jährlichen Steigerungen (aus dem Zeitabschnitt 1991-2012) des Personenverkehrs (1,55 %) und des Güterverkehrs (2,79 %) und behalten den heutigen geringen Anteil des sonstigen Verkehrs von 4 %, wird der Güterverkehr den Personenverkehr im CO_2-Ausstoß in 2060 überholen. Und dann hört der Spaß bei der Regulierung auf – anstelle des zahmen Wählers tastet man die Interessen der Industrieverbände an. Und das gleicht dem Aufruf zum Krieg.

Gegenwärtig setzt man große Hoffnungen in die Elektromobilität. Elektrisch angetriebene Fahrzeuge weisen gegenüber einem Verbrennungsmotor einige unumstrittene Vorteile. Sie enthalten weniger Teile, entwickeln aus dem Stand hohe Drehmomente, sind leise und lokal emissionsfrei. Dafür sind sie samt Batterie deutlich schwerer und eine bei längeren Reisen akzeptable Betankungsart wird nur sporadisch angeboten. Für eine Urlaubsfahrt nach Griechenland wird man sie vorerst nicht verwenden können, wenn man nicht einige Streckenabschnitte schieben will. Das sind Vorteile und Nachteile, die der Benutzer unmittelbar zu spüren bekommt und kann sich daher nach seinen Prioritäten für die eine oder andere Antriebsart entscheiden.

Die Umweltbilanz des Elektroautos ist, wie nicht anders zu erwarten, deutlich schwieriger zu ermitteln. Im Auftrag des Schweizer Bundesamtes für Umwelt (BAFU) wurde in 2018 eine Studie zur Gesamtbewertung der Umweltverträglichkeit von Elektroautos im Vergleich zu konventionellen Fahrzeugen (als PDF herunterzuladen unter https://www.bafu.admin.ch/dam/bafu/de/dokumente/luft/externe-studien-berichte/umweltaspekte_vonelektroautos.pdf.download.pdf/umweltaspekte_vonelektroautos.pdf) erstellt, mit folgender Zusammenfassung der Ergebnisse: „Der Vergleich der Ökobilanz-Ergebnisse von Elektroautos, Plug-In Hybrid-, Hybrid-, Diesel-, Benzin- und Erdgasfahrzeugen zeigt, dass die Treibhausgas-Emissionen des heute durchschnittlichen in Betrieb stehenden fossil betriebenen Fahrzeugs deutlich höher liegen als diejenigen eines Elektroautos der Golf-Klasse (292 bis 337 Gramm pro vkm (Anmerkung: vkm = „vehicle kilometer") im Vergleich zu 172 Gramm pro vkm, siehe Tabelle Z. 1). Die Differenz bezüglich kumuliertem Energieaufwand nicht erneuerbar ist hingegen deutlich geringer (4.66 bis 5.26 MJ Öl-eq pro vkm im Vergleich zu 4.23 MJ Öl-eq pro vkm). Die Gesamtumweltbelastung ermittelt mit der Methode der ökologischen Knappheit 2013 liegt beim Elektrofahrzeug leicht höher als beim Erdgas-Auto und beim Flottenmix der Benzinautos, aber deutlich tiefer als beim Flottenmix der Dieselautos, bei dem die Emissionen von Dieselruss mit einem spezifischen, höheren Ökofaktor bewertet werden . Die Erzeugung radioaktiver Abfälle pro vkm ist beim Elektroauto am höchsten. Das sparsamste Auto der unteren Mittelklasse (ein Dieselauto) emittiert rund 40 % mehr Treibhausgase als das mit Schweizer Strom betriebene Elektroauto, verursacht aber eine um ca. 26 % tiefere Umweltbelastung und benötigt knapp 8 % weniger nicht erneuerbare Primärenergie. Der meist verkaufte Golf (ein Benziner) verursacht knapp 80 % höhere Treibhausgas-Emissionen als das Elektroauto und benötigt rund 16 % mehr nicht erneuerbare Primärenergie. Die Umweltbelastung dieses Autos ist um 14 % tiefer als diejenige des Elektroautos. Die Umweltwirkungen des Hybrid Toyota Prius III sind leicht tiefer als die Umweltwirkungen des meist verkauften Golf. Das Fahren mit den Leichtbaufahrzeugen verursacht deutlich tiefere Umweltwirkungen als das Fahren mit einem sparsamen Dieselauto beziehungsweise einem Elektroauto der unteren Mittelklasse."

Als Treibgas-Emittent ist das Elektroauto demnach günstiger als ein konventioneller Golf. Seine Gesamtbilanz der Ökoschäden ist jedoch in der verwendeten Methodik schlechter. Die Behörden der Schweiz als eines Landes praktisch ohne eigene Pkw-Produktion stehen wohl kaum im Verdacht, den industriellen Lobbyisten nachzugeben. Trotzdem wird es bestimmt eine Vielfalt von verschiedenen alternativen Bewertungen geben. Und angesichts des politischen Interesses wird bei der Diskussion scharf geschossen. Es dürfte aber unumstritten sein, dass die Elektrifizierung der Pkw nicht ohne Nebenwirkungen abläuft. Daher stehen wir vor einer Entscheidung: wollen wir die schädlichen Nebenwirkungen akzeptieren, nur um dem Klimawandel entgegenzuwirken?

Auch die Hoffnungen, das Beheizen der Privathäuser zu reduzieren, dürften bald an ihre Grenzen stoßen: irgendwann ist jeglicher Austausch mit der Außenluft gestoppt und wir atmen nur noch eine künstlich regenerierte Luft. Vielleicht sollte man auch hier die Kosten im Auge behalten. Ein scharfsinniger Analytiker sollte den Zusammenhang zwischen Baukosten und Mieten, einem der aktuell dringendsten Probleme unserer Gesellschaft, erkennen. Dass hier doppelte und dreifache Dämmmaterialien genauso etwas kosten wie Überdruckprüfungen mit Infrarotkameras ist dann ein naheliegender Gedanke.

Es gibt auch wirklich innovative Gedanken: die Menschheit sollte den Fleischkonsum reduzieren oder sich sogar rein vegetarisch verpflegen. Der Hintergrund ist der Ausstoß vom aggressiven Treibhausgas Methan bei der Tierzüchtung. Wer dabei nicht gleich in Lachen ausbricht, sollte sich vor Augen führen, wie die jahrzehntelangen Versuche ausgegangen sind, den Gehalt von Zucker und tierischen Fetten in der Nahrung etwas zu reduzieren. Und das obwohl ihre gesundheitsschädigende Wirkung unumstritten und auch breiten Bevölkerungsschichten bekannt ist. Und hier sprechen wir von Europa und nicht von der gesamten Welt.

Kann sich wirklich jemand auf den Standpunkt stellen, dass vorgeschlagenen Vorgehensweisen (1) eine reale Aussicht auf Erfolg und (2) im vernünftigen Kosten/Nutzen-Verhältnis mit der Verhinderung des Klimawandels sind?

11 Zusammenfassung für politische Entscheidungsträger

Man kann nicht widerstehen, diese schöne Kapitelüberschrift aus den ICCP-Berichten auch hier zu verwenden. Nicht dass es eine reale Hoffnung gäbe, dass dieses Buch einem lebendigen politischen Entscheidungsträger in die Hände fällt. Und sollte es doch der Fall sein, dürfte es bei entsprechender politischer Zugehörigkeit als Taschenbuch in der Müllverbrennungsanlage landen und als E-Book einfach durch die Betätigung der Löschtaste verschwinden.

Fassen wir trotzdem zum Abschluss die Argumente so zusammen, wie sie auch einem politischen Entscheidungsträger bekömmlich sein könnten.

Es erscheint wahrscheinlich, dass sich das Klima auf der Erde in Richtung einer Temperaturerhöhung entwickelt. Im Vergleich zum „vorindustriellen Zeitalter" dürften es bis 2100, d.h. innerhalb der nächsten 80 Jahre ca. 2-3°C sein. Dieser Temperaturunterschied ist für die meisten Menschen ohne Messgeräte kaum wahrnehmbar. Er ist vergleichbar mit einem Umzug in eine andere Stadt innerhalb Deutschlands, falls man gerade in einer relativ kalten Gegend wohnt und in eine relativ wärmere umzieht. Bei der Frage ob dieser Trend zu unserem Vorteil oder Nachteil ist, neigen sich die meisten Argumente bzgl. Gesundheit, Lebensqualität und Kosten eher auf die Seite der Vorteile. (Ungeachtet dessen kann jeder je nach persönlichen Prioritäten auch anderer Meinung sein.)

In einigen Teilen der Welt können die Niederschläge um einige Prozentpunkte (typischerweise im einstelligen Bereich) höher, anderswo etwas niedriger sein, in den meisten wird man nicht einmal das systematisch nachweisen können. Irgendwo werden die Sommer um solche Beträge trockener und Winter feuchter, anderswo wird es umgekehrt sein. Bis jetzt musste man sehr genau hinsehen, um den systematischen Unterschied zu merken.

Mit der Klimaerwärmung ist ein Anstieg der Meeresoberfläche verbunden. Er macht heute 2,9 mm pro Jahr. An den meisten Küsten der Welt würde man während seiner Lebensspanne das Fortschreiten des Meeres ins Landesinnere nicht einmal merken, wenn man sich nach fünfzig Jahren auf die gleiche Bank am Ufer setzt. An extrem flachen Küsten kann der Unterschied merklicher sein. Das Tempo bedroht jedoch niemanden. Wer nicht wirklich ein Strandgrundstück an der Nordsee besitzt, wird wegen dieser Veränderungen während seines Lebens nichts unternehmen müssen. Die Zeiträume der Veränderungen sind auch jenseits des vorausschauendsten Investitionshorizonts der Wirtschaft.

Den Teil dieser Veränderungen, die vom Beginn des industriellen Zeitalters bis heute stattgefunden haben (was ca. die Hälfte der prognostizierten Veränderung bis 2100 ausmacht) haben wir bereits schadlos überstanden. Ohne die Mitwirkung der Medien wäre es nicht nur schadlos, sondern wahrscheinlich auch unbemerkt.

Was die Menschheit in den nächsten Jahrzehnten und Jahrhunderten bevorsteht, kann uns mit Recht beunruhigen. Wir haben es mit einem ungebremsten Wachstum der Weltbevölkerung zu tun, die uns auf der Erde ein heute unangenehmes, in der Zukunft vielleicht dramatisches Gedränge beschert. Die Naturräume sind bereits heute knapp und werden wohl bald völlig verschwinden. Sie fallen zum Opfer der industriellen Nutzung der Landschaft, die moderne Landwirtschaft eingeschlossen. Ihren Anteil tragen auch die allgegenwärtigen Windkraftanlagen bei, durch die das Gefühl, sich in der Natur zu befinden vielerorts völlig abhandengekommen ist. Die Natur ist aber am Verschwinden nicht nur weil man sie nicht schützen will, sondern weil es einfach objektiv keinen Platz mehr gibt. Jeder freie

Raum wird für die Befriedigung der Bedürfnisse der wachsenden Bevölkerung gebraucht. Die Klimaerwärmung könnte hier durch erhöhtes Pflanzenwachstum die Ernährungsprobleme etwas mildern, zu einer wirklichen Kompensation des Bevölkerungswachstums wird es aber auf keinen Fall reichen.

Die Globalisierung wird die Spielräume für die Steuerung der Wirtschaft und Gesellschaft schrumpfen lassen – was in unserer Umgebung geschieht, wird nicht hier entschieden, sondern an beliebigen Orten der Welt. Und dabei ist „entschieden" ein Euphemismus: in Wirklichkeit handelt es sich um keine Entscheidungen sondern um unberechenbare, spontane Entwicklungen und Zwänge, die niemand im Griff hat.

Mit der Globalisierung gehen Völkerwanderungen einher, die möglicherweise zum Verschwinden ganzer Kulturkreise und Zivilisationen führen werden, wie es in der Menschheitsgeschichte schon einige Male der Fall war. Was heute mit den Völkern Amazoniens oder Neuguineas passiert, kann in historisch kurzer Zeit auch die Europäer treffen.

Das heute in der Welt überwiegende Wirtschaftssystem ist die „angebotsorientierte Wirtschaft" („supply side economics"). Es ist ein Wirtschaftssystem, in dem die primäre Antriebskraft nicht die Bedürfnisse des Verbrauchers sind, sondern die Angebote der Produzenten, welche sich wiederum an möglichen Gewinnen orientieren. Ein solches System bietet Antworten auf Fragen, die niemand gestellt hat: Computerspiele, beheizte Lenkräder, Alco-Pops und Ähnliches. Dafür aber keine Antworten auf die lebenswichtigen Bedürfnisse wie bezahlbaren Wohnraum.

Die geopolitische Lage mit sich vermehrenden Supermächten und noch mehr solchen, die sich dafür selbst halten, wird uns wahrscheinlich einige spannende (leider im negativen Sinne) Jahrzehnte bringen.

Vergessen darf man natürlich nicht die seltsamen Stoffe, mit denen diverse Produkte einschließlich der Lebensmittel verpackt, haltbar gemacht und geschmacksverstärkt werden. Sie nutzen niemandem von uns, sind aber nicht aufzuhalten. Auf einen verbotenen Stoff kommen zehn Neue. Viele von diesen Stoffen landen in der Natur einschließlich der Ozeane, wo sie sich grenzenlos häufen. Wir nennen sie rätselhafterweise „Wohlstandsmüll", obwohl ihr Beitrag zum Wohlstand schwer zu entdecken ist. Außerdem treten sie in gleichen Mengen auch in Ländern vor, die niemand als Wohlstandsgesellschaften bezeichnen würde.

Dann wären da noch die sich ausbreitenden Krankheiten wie Masern oder Tuberkulose, die man schon lange für besiegt gehalten hat und andere wie Ebola, die früher unbekannt waren. Auf dem Vormarsch sind auch die multiresistenten Keime, gegen die keine heute bekannten Medikamente wirken. Sie machen nicht nur keinen Halt vor den Toren unserer hochtechnisierten Kliniken, sondern entstehen manchmal gerade dort.

Die Luft unserer Großstädte wird immer undurchsichtiger und gelber. Das schlimmste ist, dass es bald nur noch Großstädte geben wird – die Erde wird langsam vollständig mit Siedlungen aufgefüllt. Eine Flucht in das grüne Umland wird zuerst zum unerfüllbaren Traum und dann wahrscheinlich als Idee überhaupt verschwinden.

Die Umweltprobleme sind also real und man kann sie als ernsthafte Bedrohung einstufen. Ihre Vermischung mit dem harmlosen „Problem Klimawandel" als Flaggschiff in einer amorphen Gedankenmasse entspringt aber keiner reifen analytischen Leistung. Daher ist sie auch nicht geeignet Umweltprobleme gezielt zu lösen.

Diese Liste der wirklich großen Bedrohungen ließe sich endlos fortsetzen. Vielleicht käme in deren Hitliste ir-

134

gendwo am Platz mit einer hohen Nummer auch der Klimawandel vor. Aber haben wir wirklich nichts Besseres zu lösen als eine Erwärmung um 3°C? Es ist als ob sich ein Drei-
ßigjähriger im brennenden Haus hauptsächlich Sorgen
über seinen leicht erhöhten Cholesterinspiegel gemacht
hätte, der ihm unbehandelt in vierzig Jahren vielleicht das
Leben verkürzen könnte.

Man kann in die Zukunft wirklich nicht schauen. Aber
vielleicht werden die Historiker in einigen Hundert Jahren
über unser Verhalten als über eine amüsante Episode der
Menschheitsgeschichte schreiben.

ÜBER DEN AUTOR

Tomas Hrycej, Jahrgang 1954, hat bis zu seinem kürzlich angetretenen Ruhestand in mehreren Forschungs- und Entwicklungszentren an den Themen Systemtheorie, Regelung und Künstliche Intelligenz gearbeitet. Er ist Autor von drei Büchern und von einigen Dutzend Artikeln in Fachzeitschriften und auf wissenschaftlichen Tagungen. Sein gegenwärtiges Interesse gilt den Anwendungen naturwissenschaftlicher Methoden auf gesellschaftliche Systeme.